अभिव्यक्ति

अजीत

notionpress.com

INDIA · SINGAPORE · MALAYSIA

अनुक्रम

अनुक्रम

अभिव्यक्ति - क्षणिक एहसासों की दो पंक्तियों में

अभिव्यक्ति - मोहब्बत के खट्टे मीठे एहसास की

दिल रख दीजिये निगेहबानी में मेरे, सुकून भर देंगे।

ज़ख्मों के निशां गर दिखे कहीं, मरहम भी कर देंगे।।

दिल की दहलीज़ है, फ़रेब उतार कर जाना।

ज़र्रे ज़र्रे में है मोहब्बत नज़रें झुका के जाना।।

इस दौर के इश्क़ की भी दिलचस्प गहराई है।

रात में हुई सच्ची मोहब्बत, सुबह तन्हाई है।।

रहूँगा आस-पास ही, उसके ज़हन में भरम बिठा देना।

दर्द हो जाये गर आवारा, आहिस्ते से मुझे बुला लेना।।

बहला लेना डर को अपने फिर कुछ वक़्त मेरे साथ, बेवजह परेशां न होना।

तन्हाइयों से डर के पलटो जो कभी राहों में, मुझे देखकर तुम हैरां न होना।।

नज़रों से तड़ीपार कर दिया, फिर भी नज़र रखते हो।

अरे चाहते क्या हो! जो अब भी मेरी ख़बर रखते हो।।

मोहब्बत को वक़्त लग गया, आहिस्ता गले लगा के उसे मनाने में।

ज़माने की नसीहतों से डर गया था वो ख्वाहिशों को आजमाने में।।

ले के जा अपना हिस्सा कि अब मुझसे सम्भलता नहीं है।

जितनी दी है मोहब्बत तूने उतने में रिश्ता बनता नहीं है।।

आँख बचाकर मुझसे, गुजरने की ज़हमत ना उठाया करो।

समझ लो मैं हूँ ही नहीं, अंजान बन के आया-जाया करो।।

मुक्कदर की साजिशों ने साथ वक़्त गुज़ारने पर मजबूर कर दिया।

हमने भी नफरत की नज़र से फिर मोहब्बत का इज़हार कर दिया।।

पीछा किया, दूर जाती कई अनजान आहटों का हमने।

यही इंतज़ाम किया, तेरे बगैर वक़्त गुज़ारने का हमने।।

हाँ एक जरिया था पुराना तुझ तक पहुँचने का मगर, हमने आजमाया नहीं।

मूंदकर आँखें मिल ही लेता मगर, तेरे कशमकश को देख तुझे बुलाया नहीं।।

बेवजह उनसे उलझने की तरकीबें न निकाला करो।

मोहब्बत में वो भी हैं, सामने से जा के मिला करो।।

एक अंजान मुलाक़ात थी, सफर में चलते-चलते आदत में ढल गई।

फिर एक सहर आयी ये ख़बर लेके, सुना उनकी मंज़िल बदल गई।।

भोर की संजीवनी हवा से जैसे बादलों की महक आ रही है।

उफ़्फ़! मेहरबान होके ज़िन्दगी तुझसे कुछ यूँ मिला रही है।।

मिलके कभी जो घेर लिया सबने, फिर क्या करोगे।

कितने दफे तुम ज़िन्दगी में सच्ची मोहब्बत करोगे।।

घाटे में चल रहे थे, देखा जो तज़ुर्बा उनका अपने दिल का कारोबार दे बैठे।

सख़्तियों के तह में थे मोहब्बत के कागज़ात, घबरा के वो इस्तीफ़ा दे बैठे।।

छोटी-छोटी बातों पे खामखां दिल ना छोटा किया करो।

दिल के बाशिंदों की घुटन का ज़रा ख्याल किया करो।।

जब भी कहनी होती है दिल की बात, तुम बातों में उलझा देते हो।

तेरे लबों पे रख कर उंगलियां अपनी फिर कहूँ, क्या ये चाहते हो।।

न पलट के देखती है, न रास्तों की परवाह करती है!

सागर की मोहब्बत में नदी, कैसे दिन रात बहती है!!

एक ही वास्ता है जो तुम, हर बार देते हो।

मोहब्बत के नाम पे तुम सब काम लेते हो।।

ग़फ़लत में कट रही थी ज़िंदगी अच्छी, उतावला हो गया।

मोहब्बत का इज़हार किया और देख मैं अकेला हो गया।।

आहिस्ता ज़रा, सरसरी निगाह डाल कर न तुम गुजरा करो।

सँवरते हम भी हैं तेरी खातिर, इधर भी गौर फ़रमाया करो।।

कायनात ही उतरी है ना क्षितिज पे! हाँ वही तो है।

साँझ है सुकून है सूर्यास्त है और पुरवाई भी तो है।।

तसब्बुर में दिन रात रहता था जो, ख्याल बन के।

आंखों में उतर आया है, आज-कल चेहरा बन के।।

एक उम्मीद अँकुरित हो रहा है तेरे जाने के बाद।

तेरी कसम जिया हूँ आज फिर, ज़माने के बाद।।

ऐ दिल! उनकी निगाहों से बच, वरना पछताएगा।

नज़रें मिली और तू पल में, छू मन्तर हो जाएगा।।

वो मुस्कुराते रहे नज़रें झुका के, हम कहते गये बेफिक्री में।

लो सख्तियां धरी रह गईं, दिल खुला रह गया बेसबरी में।।

दिल अपना है, हौले-हौले हाथ से सहलाया कर।

उनके ज़िक्र पे बेकरार होके न धड़काया कर।।

रूठ के निशाहों से मेरी, अब कहाँ जाओगे।

आज़मा के ज़माने को, फिर यहीं आओगे।।

चाँद की गवाही में होने शामिल, तारे भी आये अदालत थे।

हो गया सच का सामना, मैं तो आया था तुम्हीं नदारत थे।।

यूँ न याद कर कि हिचकियों में ही रात गुजर जाए।

बेकरारी में कहीं सिलवटों की लग ना नज़र जाए।।

आज कल साँस मेरी, तेरे साथ जोड़े में चलती है।

जो तुम न लो तो फिर, कुछ कमी सी खलती है।।

साथ हो जो तुम उम्र भर के लिये, तो फिर आईने की ज़रूरत क्या है।

खुद को संवार लूँ तेरी आँखों में, किसी के मशवरे की ज़रूरत क्या है।।

मिल्कियत हैं हमारी, हर मुस्कान आपकी।

सर आँखों पे है फिर, बेरुखी भी आपकी।।

कहाँ अब तलक उनकी निगाहों ने मोहब्बत का इकरार किया।

वो तो बस मैं ही था दरम्यां अपने, जिसे दिल ने बेकरार किया।।

क़त्ल करके ही मानोगे, इस कदर जो लदे हो हुस्न के जेवर से।

देखो मंज़र ही थम गया सारा, क्यों निकले तुम बेपर्दा घर से।।

दिल में जज़्बात मत रखना यूँ ही ख़ामोश रहकर।

फिर मिलो न मिलो तुम कभी यूँ इत्तफ़ाक़ बनकर।।

ख़ुश हूँ मैं आज बहुत, जो चाहे माँग लेना।

जो नहीं है मेरा, बस वो दिल न माँग लेना।।

नज़र रखते हैं परखने की, तुझसे ज्यादा तेरी ख़बर रखते हैं।

समझ ही लेंगें एक रोज़ तुझको, इतना तो हम सब्र रखते हैं।।

नज़र उठाई मुस्कुरा के देखा तूने, मुझे फिर काम याद आ गया।

रियाज़ किया था रात भर इज़हार का, लो आज फिर रह गया।।

बस यही मासूम सी ख्वाहिश है मेरी, देख ले अधूरी न रह जाए।

एक दफ़े वो भी मना लें मुझको, मेरा रूठना मुकम्मल हो जाए।।

वाज़िब है हर बात तेरी पर, सोचता हूँ हठ ठान लूँ।

तेरे गुस्से तेरे तानों के बिना, उन्हें मैं कैसे मान लूँ।।

पहली मुलाकात का जादू और हम उनके मुरीद हो गए।

उनकी तो वो ही जानें, मेरे ख़ातिर तो वो फ़रीद हो गए।।

न कोई गरज़ है तुमसे, न तो पाने का कोई जुनून।

नज़र भर के देख लेना तुमको, यही मेरा सुकून।।

मज़ाल है, मेरी जुस्तजू तेरे ज़ेहन से फिसल जाये।

ढूँढा है तुझे कि, मेरे मुस्कान की उम्र ठहर जाये।।

परिभाषित रिश्तों की किताब में ज़िक्र कहीं तेरा मिलता नहीं।

हृदयस्पर्शी हो इसलिए शायद, तुम जैसा कोई दिखता नहीं।।

वक़्त की पाबन्दियों के दायरे में रहकर न तुम मिला करो।

एहसासों की अभिव्यक्ति में वक़्त लगता है, समझा करो।।

वादों को भी तेरे पता है, अंततः उन्हें शर्मिंदा होना है।

खाते हो सफाई से झूठी कसमें, आखिर क्या पाना है।।

तफ़्तीश की तसल्ली की, फिर ज़रा ऐतबार किया।

इतनी मशक्कत की मगर, कहाँ हमने प्यार किया।।

अभिव्यक्ति - रिश्तों के एहसास की

समझदारी इतनी संभलती नहीं अब, जी करता है थोड़ी कम कर लें।

कब थकोगे तुम नासमझी से, कहो तो थोड़ी अदला-बदली कर लें।।

अगर तुम चाहो मुझे अपना राज़दार बना लेना।

शर्त इतनी है किसी और को न फिर बता देना।।

इतना भी तगादा न करो सुधरने का, अच्छा है वो बेतरतीब है।

मोहब्बत बांटने में भूल जाता है खुद को, इतना ही अज़ीब है।।

बहुत गिनाई तुमने गलतियाँ उनकी, कुछ अपनी भी गिनाया करो।

रिश्ते में तो तुम भी हो, कुछ ज़िम्मेदारी अपनी भी निभाया करो।।

ताक में बैठा था वो न जाने कब से, आज जलन पे अपने मरहम कर गया।

करीबी था! बिना दस्तक के घुस गया दिल में, दर्द मेरे सरे आम कर गया।।

हर कोई समझता है हमें बस अपनी तरह से, समझ लेने दो।

क्यों वक़्त ज़ाया करें समझाने में, वो खुश है तो हो लेने दो।।

कुछ इस कदर वो अपनी विरासत का विस्तार कर लेता है।

जिनसे भी बिछड़ता है, उनकी आँखें को नम कर देता है।।

उनकी चालाकियों की हमने कमर तोड़ रखी है।

खेमे में उनके हमने, अपनी नज़र छोड़ रखी है।।

वो जो नमी बन के बैठा है सब की आँखों में, गुमशुदा क्यों है।

ख़फा किसी से कोई नहीं फिर, ख़ामोशी का दबदबा क्यों है।।

वक़्त के साथ प्राथमिकताएं बदलीं, ज़िम्मेदारियों के भी चेहरे बदल गये।

दोस्त मिले जो आज अरसे के बाद, गले मिलते ही कहा तुम बदल गये।।

कह दी जो दिल की बात तो फिर, कहे पे ही रहा करो।

बुरी लगी लग जाने दे, मज़ाक था ये न फिर कहा करो।।

तन्हा सब की निगाहों से बचाकर हम, फ़टे रिश्ते को अपने टाँक लेते।

पर सरे आम तेरी खामोश मौजूदगी, उधड़े रिश्ते को कैसे ढाँक लेते।।

मुमकिन हो तो गले लग के मिला करो, धड़कनों को आश रहती है।

अकेलेपन के सहरा की तपिश में सबको पानी की तलाश रहती है।।

ये सुगबुगाहट ये सुलगना अंदर, इनसे हासिल क्या होगा।

सारांश हो चुके रिश्तों के किरदार को मथने से क्या होगा।।

जितने पल की भी हंसी दी है तुझे, उतनी तो दुआ में लौटाया कर।

ये ना समझ उसे दरकार नहीं, वक़्त पे तू भी उधार चुकाया कर।।

अधीरता का परिचायक हो रही है आर्थिक आत्मनिर्भरता।

ज़रा-ज़रा से मतभेद पे पाना चाहती है संबंधों से स्वतंत्रता।।

जितना भी सच है जमाने भर में, वो तेरी बातें हैं।

अफवाहें जितनी भी हैं, वो हमारी सच्ची बातें हैं।।

ऐसे न सोच तेरे बगैर यहाँ सब थम जायेंगे।

थोड़ी होंगी सिसकियाँ फिर सम्भल जायेंगे।।

जो सही है वो छोड़कर उनकी खामियों से लिपटते हो।

सींच कर पौधा गुलाब का, महक बेली की ढूँढते हो।।

परदेस की छत, शीतल हवायें, रात की चारपाई और यादों का झरोखा।

आसमां के पर्दे पे अपनों का दिखना, घर की आदत नज़रों का धोखा।।

कैसे भूलूँ! नज़र की हद तक का वो आखरी सफर उसने कुछ यूँ तय किया।

पलट के देखती रहीं डबडबाई आँखें, कदमों ने फिर भी रास्ता तय किया।।

खबरी है वो! वक़्त मिलता जो उधार उसके घर हो आते।

चाँद से ही मिलके इस बार सोचा सबकी खबर ले आते।।

लुकाछिपी के खेल में मैं छिपा था और तुम चुपके से चल दिये।

आज याद आयी तुम्हें ढूंढने की, जब हमने ठिकाने बदल दिये।।

बिन सोचे तुम कह देते हो, सोच के फिर हम सह लेते हैं।

इतना बड़ा अन्तर है फिर भी, साथ-साथ हम रह लेते हैं।।

घर में जहाँ परस्पर सम्मान का आभाव होता है।

पारिवारिक क्लेश उस घर का मेहमान होता है।।

डर के साये निगल जाने को हमें जब भी निकलते थे।

याद है! बाबूजी की परछाई में हम कैसे सिमटते थे।।

बातें सुना कर मुजरिम से खड़े हो, हमें मनाओगे क्या!

यारी के कायदे कब बदले हमने, ज़रा बताओगे क्या!!

तुझे जानने की ज़ुस्तज़ू तो थी मगर अफ़सोस ज़रिया तू नहीं था।

जिसने ज़रिया बनके मिलाया तुझसे, वो तुझे जानता ही नहीं था।।

समझदारी की मिट्टी में जोत विश्वास की और बीज मोहब्बत के।

स्नेह का पानी मोहलत की धूप, तब पकते हैं फसल रिश्तों के।।

गुप्त ज़ख़ीरा है उसके पास मेरे सारे कारनामों का।

मज़ाल है कोई एक चुरा ले, यार है वो बचपन का।।

यारों, तुम्हारे फुर्सत की चाय में जब भी किस्से डूबा करेंगे।

याद रखना, चुस्कियों में मेरे नाम के ज़ायके मिला करेंगे।।

शाम के चूल्हे से जब कभी धुआँ उठता है।

हवाओं में भी कोई अपना सा दिखता है।।

ना पलकों पे बिठा, ना बातों से दबा के रख।

रिश्तों की बात है, ज़रा संतुलन बना के रख।।

कितना बदलूँ मैं खुद को, कि तेरा हो जाऊँ।

डरता हूँ कहीं, खुद से ही न जुदा हो जाऊँ।।

बेचैनियों को पाल के आदत का सामान बना डाला।

धोखे से तेरी चालाकियों को भी अपना बना डाला।।

शिकायतें जमा कर लिं बेइंतहा हमने, चल बैठकर ज़रा हिसाब करते हैं।

अपनी शिकायतें मेरे हिस्से में कर दे, मेरी शिकायतें दरकिनार करते हैं।।

इक तरफा रिश्तों का अब हर तरफ चलन हो गया है।

परवाह करने वाला ही, बेरुखी का सबब हो गया है।।

सर तेरा काँधे पे मेरे और उँगलियाँ भी फंसी थी मेरी उँगलियों में।

बदल गए रास्ते अपने मगर उलझा हूँ अब भी उन्हीं उलझनों में।।

किसी के भी पास रहने का तुझे कहाँ अब तलक सलीक़ा आया।

मुझसे न बनी कोई बात नहीं, खुद के भी तू कहाँ क़रीब आया।।

तेरा सौदा तेरी यादों से करके हमें फायदा न हुआ।

हक़ीक़त में अब तलक तू भी किसी का न हुआ।।

भटक न जाये कहीं तू, बस यही इंतज़ाम करता हूँ।

किनारा हूँ मैं तेरा, साथ बहने का इंतजार करता हूँ।।

धुंध छट जाने दे, वादियों का फिर रंग नज़र आयेगा।

वक़्त दे दे उसे, वक़्त के साथ वो भी बदल जायेगा।।

कायदे आये हैं जब से ज़िन्दगी में मेरे, ओहदे नहीं लुभाते मुझे।

फेर लेते थे जो नज़र अक्सर, वो भी देखकर हैं मुस्कुराते मुझे।।

क्या सलीका है ये दोस्त, खुदगर्ज़ी में डूबी ये कैसी तहज़ीब है।

बनाई थी जो अपनों के लिए, कहाँ अब वो अपनी दहलीज़ है।।

मुद्दतों बाद मिले हैं, ज़रा तो ज़िरह का मज़ा लेंगे।

यार रूठा जो मना लेंगे, कुछ देर मगर सज़ा देंगे।।

मौका-ए-रुख़्शत पे, कोई मलाल न रह जाये।

अपनी मोहब्बत का, कोई निशाँ न रह जाये।।

मुश्किल है मगर, बदल लूं खुद को यही मुनासिब है।

नई शुरुआत की ख़ातिर, यही बुनियाद वाज़िब है।।

बात ज़रा सी थी शायद, सुलझा ही लेते।

दो घड़ी हम बनके जो, करीब बैठ लेते।।

बिछड़ जाने से बेहतर, मुख़्तसर होकर तुझमें ही समा जाऊँ।

साँसें तेरी और धड़कन मेरी, इस करार पे मैं फ़ना हो जाऊँ।।

घबरा जाती हैं उन्मुक्त आँखें भी अक्सर, उम्र की ढलान पे।

थाम ले हाथ कसके मगर बन्दिशें न लगा उनकी छलाँग पे।।

मेरी नज़रों के सामने तू बेबस सा, बिखर रहा था यार।

चाहा समेट लूं मगर मज़बूर था कि मैं तस्वीर था यार।।

आज-कल के समझदारों से तो मेरी बनती नहीं।

मुझे अपनी मिट्टी का नशा है, उन्हें जमती नहीं।।

बातों की गिरह में रिश्तों का दम घुटता है।

मैं की दहलीज़ पर तू अकेला ही रहता है।।

कुछ तो बात हुई है, कि तू साज़िश सा लगने लगा।

उतरे जो तेरी गहराइयों में, तू राज़ सा खुलने लगा।।

लाचारी झाँकती रही उसके ठहाकों की ओट में।

वो यार था, छिपा गया सब ख़ुद्दारी की ओट में।।

मैं से निकलने की कहाँ उनकी तबियत हुई।

दोनों सही थे बात बस इतनी सी गलत हुई।।

मेरी खामोशी का मतलब ये नहीं कि मैं तेरी परवाह नहीं करता।

तेरी मसरूफ़ियत और तेरे फैसले पे बस मैं सवाल नहीं करता।।

ज़रा कोशिश न की हमने रोकने की, ना तक़लीफ़ हुई उन्हें निकलने में।

दर्द पिघलता रहा रुख़्सत की आंच में, वक़्त मशरूफ़ रहा संभालने में।।

सारथी बनें बच्चों के, उनकी सवारी न करें।

काँधे को उनके उम्मीदों से बोझिल न करें।।

सबको मुस्कुराहटें बेचकर थका जब वो घर आता है।

सारी कड़वाहटें खर्च कर के मुझपे फिर सो जाता है।।

बारीकियों में ना उलझा कर, हाथ सारे छूट जायेंगे।

मूंदकर चलो इक आँख, सफ़र में साथ रह जायेंगे।।

माज़रा क्या है! क्यों वो ऐसे पैंतरे आजमाते हैं।

विवादों की ओट से सुर्खियों के तीर चलाते हैं।।

जा अब नहीं होता ऐतबार तेरे किसी बात पर।

मुकर जाना तेरा हर बार, फैसले की रात पर।।

तेरे इल्ज़ाम ही रख लूँ कि और साबित न कर सकेंगे खुद को।

तेरे ज़िद को भी जमीन मिल जाए, मना लेंगे हम भी खुद को।।

जीत जाता वो बेशक़ मगर हार-जीत अब उसकी फ़ितरत नहीं।

गहरा है वो अंदर समंदर जितना, आँखें मगर दिखलाती नहीं।।

द्वंद है! वक़्त नहीं मिलता या ना निकालने की मानसिकता है अब।

सिमट गये दायरे रिश्तों के, भावनाओं पे बहानों का कब्जा है अब।।

अटकलें थीं कि सफ़र में साथ चले जो उनके, तमाशा ख़ूब होगा।

निकल पड़े फिर ये सोचकर, नसीब उसने मेरा लिख दिया होगा।।

खास है तो फिर मौन रह, उसे आईना दिखाया न कर।

काँच के रिश्तों को नसीहत की आँच पे चढ़ाया न कर।।

आसां नहीं है समझ के भी तेरी चाल, ज़ाल में फँस जाना।

तेरे सामने शिकस्त भरी शिकन और पीछे मेरा मुस्कुराना।।

उसे स्तब्ध देखा तो मैं भी कुछ देर निःशब्द हो गया।

कुछ छिपाना था क्या! देखते ही मुझे सन्न हो गया।।

शिकायत मुझसे है तो फिर, मुझसे ही जताया भी करो।

मुंसिफ ज़माने को नहीं, रिश्ते को आज़माया भी करो।।

हाथ थामे हम चले तो थे कुछ दूर मगर, साथ तो छूटना ही था।

मेरी लड़खड़ाहटों ने कुछ दूर रोका मगर, उसे तो दौड़ना ही था।।

कुछ तो शिकायतों की मुझमें गुंजाइश छोड़ दे।

अपने होने की मुझमें ज़रा तो निशानी छोड़ दे।।

वो मानते ही नहीं, फिर मेरी तक़लीफ़ से भिड़ बैठे।

हम मज़बूरन आज, अपनी दुआओं से ही लड़ बैठे।।

मिलूँगा यहीं, फुर्सत के बहाने ही सही मिलने आया करो।

रंजिश रहेगी सलामत अपनी, इस ऐतबार पे आया करो।।

वास्ता तो दे दूँ उसे ख़ुदा का मगर, वो रुकेगा नहीं।

ऊँगली उठी है आज उसकी ग़ैरत पर, सुनेगा नहीं।।

एक ही साँस में वो घुटन की कैद का सारा किस्सा कह गया।

अपनेपन के काँधे पे सर रख के उसे भिंगोया और सो गया।।

तेरी तस्वीर से लिपटकर आज मैं, बेहिसाब ना रोया होता।

काश! गलतफहमी की ज़िद को वक़्त रहते मनाया होता।।

चंद शब्दों के उबाल पे यूँ रिश्तों की बुनियाद न खोदिये।

क्या कहा ये छोड़कर, क्यों की नींव का रहस्य खोजिए।।

भेज दिया कर तू भी ज़रूरतों को ही अपनी, मेरा पता देकर।

हम तो यूँ ही जीते हैं, किसी के साथ होने का भरम रखकर।।

नज़रें बदल के देखी जो आज उनसे, खुद से शिकायत हुई।

वो सच कह रहे थे कब से, नकारने से कहाँ हमें फ़ुर्सत हुई।।

न समझ आती हैं तेरी बातें, मेरे लहज़े में समझाया करो।

आँखें मिला मुद्दे पे बात कर, किस्सों में न उलझाया करो।।

मेरे सीने की तकलीफ ने आज कमाल कर दिया।

नाराज़ रिश्तों को मनाने का देखो काम कर दिया।।

अजी छोड़िये ज़नाब, सामने कह दिया तो बुरा मान जाएँगे।

इतनी हिम्मत कहाँ, जो खामियों से अपनी नज़र मिलाएँगे।।

सौदेबाजी सीखा दे ज़िन्दगी, अक़्सर कोई रूठ जाता है।

शागिर्द कच्चा है अभी तक, मौके पे सबक भूल जाता है।।

चंद गिरहें थीं, इस क़दर खोलीं कि रिश्ते और उलझ गए।

कहा था ना कि अकेले अच्छे हैं, कहाँ झमेले में पड़ गए।।

अमा कभी तो मसरूफ़ियत के बहानों से बाज़ आइये।

रिश्तों की भी एहमियत है, ज़रा तो वक़्त निकालिये।।

ना सुनी उनकी ना कही अपनी, मुलाकात खत्म हो गई।

शोर की महफ़िल में मोहब्बत की बातें सब हवा हो गई।।

कुछ मजबूरियाँ रही होंगी उनकी, हमसे निभा न सके।

हम भी मज़बूर थे वादा कर के कहीं और जा न सके।।

सिर्फ बर्दाश्त करते हो, क्यों परवाह नहीं करते।

उसकी नादानियाँ क्यों, नज़रअंदाज़ नहीं करते।।

अपनी घुटन से बाहर तो निकल, खुल के तभी जी पायेगा।

तोड़ दे उसके भरम सारे, रिश्ता है कहाँ जो टूट जायेगा।।

गलतियां कल झुकाएंगी गर्दन, घुटनों पर देख खुद को तू भी हैरान हो जाएगा।

गुरूर बहुत है तुझे! तो रख सम्भाल कर, वक़्त आने पर इम्तिहान हो जाएगा।।

हँसे इतना आज हम, ज़मीन पर ही लोट गये।

यार मिले जो पुराने, वो लम्हे सारे लौट गये।।

आवाज़ ऊँची जो हुई, लहज़े के सुर हर तरफ फैल गए।

ख़बर मिली और रिश्तों के हकीम, जड़ी लेके दौड़ गए।।

जी लेंगें हम तेरे बिन, तुझे अफ़सोस करते देख कर।

कैसे जियोगे तुम मुझे तस्वीर में मुस्कुराते देख कर।।

अंजाम से वाकिफ़ तो थे पर, जंग भी लड़नी ही थी।

तेरी ज़िद से हम भिड़े थे, शिकस्त तो मिलनी ही थी।।

कुछ दूर साथ चल के देख उसके, फिर कोई फैसला ले।

किसी के अंदाज़-ए-बयां से मिज़ाज का जायजा ना ले।।

कस्बाई रिश्तों का यहाँ शहरों में दम घुटता है।

घर के अंदर भी दस्तक का रिवाज़ चलता है।।

तू था या नज़रों की हद से गुज़री तेरी परछाई थी।

इत्तफाक देख, सहर के साथ तेरी याद आयी थी।।

हक़ीक़त मैं आज तुझसे, इत्तेफाक नहीं रखता।

वो फ़ना हो गये मगर, दिल ऐतबार नहीं करता।।

विचार विमर्श शंका निवारण, फिर जा के संकल्प।

इतनी प्रक्रिया के बाद भी, क्यों ढूंढते हैं विकल्प।।

ऐतबार था न मुझपे! तो उस वक़्त जताया क्यों नहीं।

मिथ्या की अग्नि में जल रहा था मैं, बचाया क्यों नहीं।।

आशियाने बनते हैं बसते हैं और उम्र के साथ ढह जाते हैं।

वो तो खँडहर होते हैं, जो बस तारीखें बदलते रह जाते हैं।।

परिवर्तन नहीं, प्रतिदान की प्रयोगशाला चाहिए।

पुख़्ता सम्बंधों की खातिर नई परिपाटी चाहिए।।

अरसा गुजरा, पुराने पते पे कोई आज भी रहता है।

सपने में आके अक्सर, मिलने की अरदास करता है।।

तेरे साथ गुजरा वक़्त, किसी त्योहार की तरह।

रुखसत भी होंगे आज हम, उद्यापन की तरह।।

अभिव्यक्ति - आत्मविश्वास की

यथार्थ से परे ख्वाहिशों की भी इजाजत होती है, ऐतबार करो।

वक़्त देगा रियायत, तदबीर के कागज़ात दिखाके करार करो।।

मन के भय को सजीव करके लड़ना उनसे, तुम भी कमाल करते हो।

साहस का बटखरा चढ़ाते ही नहीं, मुश्किलों को वज़नदार कहते हो।।

होके मायूस अपनों से, तुम परेशां न हुआ करो।

वो संभाल लेगा, जाकर आईने से मिला करो।।

हाथ छोड़ दिया जो कभी तेरा तो ये न समझना साथ छोड़ दिया।

सीख जाओ मुश्किलों के दांव-पेंच, ज़रा देर अकेला छोड़ दिया।।

सूखे दरख़्तों में अब भी, हरियाली की ख्वाहिश बची है।

ज़ुनून! मुआ मरता नहीं, फिर देख नई साजिश रची है।।

तज़ुर्बा अपना, रास्ते अपने और मशवरा भी खुद से ही करते हैं।

शून्य करके विकल्प सारे, वो मुश्किलों से आँखें चार करते हैं।।

डरता कौन है! बुला लो तुम्हें जिसे बुलाना है।

मेरे साथ मेरा वक़्त, तेरे साथ तेरा ज़माना है।।

आंखों में आंखें डाल कर भी सच कहने से नहीं डरते हो।

यहीं की नस्ल के हो या फिर, कहीं और बसर करते हो।।

चुटकियों में वो मुश्किलों के समीकरण बदलते हैं।

सुना है कुछ और नहीं बस, दृष्टिकोण बदलते हैं।।

ख़ुदा है ना! वो सब देख लेगा तुम बस ऐतबार किया करो।

थोड़ी मस्ती और बेफिक्री की खुराक हर रोज़ लिया करो।।

मुबारक हो! निजाद पा ही लिया आखिर दर्द से तुमने।

नायाब तरकीब निकाली, मुँह फेर लिया दर्द से तुमने।।

मुश्किल है जो वक़्त तो फिर गुजरने का न इंतजार कर।

सब्र के काँधे पे हाथ रख और इधर-उधर की बात कर।।

अँधेरा आया है! न डर रौशनी का इंतजाम करते हैं।

हौसला मेरे यार, चल इसके सीने में सुराख़ करते हैं।।

खाख में जन्में हैं या अफ़रात में, ये तो महज़ बस एक इत्तिफ़ाक़ होता है।

गर्त की रहगुजर पर हैं या शिखर के, ये वरण ही हमारा अंजाम होता है।।

उड़ान हो ऐसी कि बादलों से पहचान करा दे।

शख्शियत हो ऐसी नज़रों से ही काम करा दे।।

ख़ुदा ना हो जाओ कहीं, दिल में ये डर रखना।

बुलंदियों तक जाओगे फिर, ये यकीन रखना।।

मशवरा कर लेना बुजुर्गों से, रास्तों का उन्हें मिज़ाज पता है।

भटका देंगे हौसलों को तेरे, रास्तों को कई तरक़ीब पता है।।

वक़्त बदलता है यारों, इक रोज़ अरमान निखरेंगे।

आसमां की बुलंदी पे, हम भी अपना नाम लिखेंगे।।

संवेदनाओं के पत्तों के सहारे कब तलक खेल पाओगे।

वज़ूद का इक्का निकाल, पल में बाज़ी जीत जाओगे।।

सिफ़ारिशों का दौर है और माना मैं अजनबी हूँ इस शहर में।

मिलूँगा जल्द ही बुलंदियों पे, माहिर हूँ मैं भी अपने हुनर में।।

वक़्त के पाँव थक गए थे क्या! या धीरे से उसने रफ़्तार बढ़ा ली।

नाराज़ था वक़्त मगर, चुरा के नज़रें उसने अपनी साख बढ़ा ली।।

उल्फ़त से उलझते हो अक़्सर, फिर भी कहते हो सब ख़ैरियत है।

बेशर्त ज़िंदगी से मोहब्बत इतनी, बता भी दे ये कैसी कैफ़ियत है।।

आँखें बंद और फिर परवाह नहीं उसे कोई देख रहा है।

कुछ यूँ वो आजकल, डर के साथ अपने खेल रहा है।।

बन पानी बेस्वाद था जीवन, आज ज़रा उन्माद घुल गया।

छलाँग लगा के पर्वत से मैं, झरने की अब धार बन गया।।

अदना सा शख़्स हूँ आज, तेरी नज़र में क्या ही कर पाऊँगा।

किस्सों में सुनोगे कल मुझको, वो शख़्सियत छोड़ जाऊँगा।।

वक़्त की छेनी से संवरकर और रूहानी हो गया।

बरक़त जो मिली, वो बरगद सा ज़मीनी हो गया।।

अपनी नज़रों में रह, उपेक्षा के गर्त में झाँका न कर।

चंद असफल प्रयासों पे, पात्रता को लज्जित न कर।।

कदम थक गये तो, अल्पकालिक पड़ाव समझो।

सब्र टूट जाये तो, मंजिल को आस-पास समझो।।

एक तीली जली, हवाओं ने मिल के घेर लिया।

हथेलियों ने ओट दी और मशाल जला लिया।।

घबरा के खुद से ऐ ख़ुदा, तुझसे ही रूठ बैठा था।

पलट के देखा जो मैंने, तू अब भी वहीं बैठा था।।

एक-एक पायदान मुश्किल से चढ़ के आया हूँ।

रूकूंगा अब तसल्ली से, मन बना के आया हूँ।।

डर चालाक है, नज़रें जो चुरायी वो और डरायेगा।

एक टक देख आँखों में उसकी, धुआँ हो जायेगा।।

नाकामियों के किस्से, सुना है बेशकीमती होते हैं।

जिन्होंने भी खरीदी वो शर्तिया कामयाब होते हैं।।

करारी चोट से डरता तो गर्म लोहे को आकार नहीं मिलता।

जो थम जाती मुश्किलें, तू अपने सामर्थ्य से नहीं मिलता।।

सांसों से नियंत्रित कर मुश्किलों के साथ दंगल का खेल सारा।

रोक ले सांस ज़रा देर, फिर लगा के ज़ोर पलट दे खेल सारा।।

अभिव्यक्ति - ज़िंदगी के एहसास की

बस नस्तर सी चुभती हैं और किसी काम नहीं आती।

आसान लगती है जिंदगी, जब बातें याद नहीं आती।।

कुछ किस्से बिना काम के भी सुन लिया करो हर रोज़, थोड़ा वक़्त ही तो जाएगा।

छुट्टियों के इंतज़ार में वरना, कल बचपन मशरूफ और बुढ़ापा तस्वीर हो जाएगा।।

मन नहीं करता! कभी शिथिल तो कभी व्यग्र हो जाता है।

आज समझा लूँ, कल उसी बात पे फिर शुरू हो जाता है।।

हैरान देखता था अक्सर वो आईने को, कौतुहल में आज सबब पूछ बैठा।

हू-बहू कैसे मिलती है तेरी शक्ल सीरत से, आईना भी सवाल पूछ बैठा।।

ज़िंदगी के सफर में उम्र का ये अज़ीब मोड़ आता है।

कम होती नजर से रिश्ता और साफ नज़र आता है।।

मुस्कुरा के रह गये बस एक अजनबी के सवाल पर-कहाँ के हम हैं।

पते इस क़दर बदले कि क्या ही कहते उनसे किस शहर के हम हैं।।

मेरे वफ़ादारों से ख़फा थे जो कभी, न जाने क्यों आज करीब आ रहे हैं।

झूठ के महल को रौशन करना है शायद, इमान की मशाल जला रहे हैं।।

ठीक-ठीक लगा ले ज़िन्दगी सौदे महंगे देती है।

पहचान के चढ़ावे पे ओहदे का प्रसाद देती है।।

वक़्त रहते किराये के मकान में लौट के न आने का जतन कर लो।

जीते जी मरने का फिर मर के जीने का करारनामा खत्म कर लो।।

झुंझला के जब कहा मैंने- देख किसी ने भी कहाँ समझी मेरी बात।

प्यार से थपथपा कर ज़िंदगी ने कहा- समझ ले अलग है तेरी बात।।

वज़ूद होगा तो परछाइ भी साथ खड़ी हो जाएगी।

मुस्कुराना सीख, मोहब्बत मचल के आ जाएगी।।

खुद से मोहब्बत है जो इतनी तो फिर नज़रिया ना बदला करो।

देखकर खुद को हरकतों में उसकी, शिकायत ना किया करो।।

अस्थियां नहीं हैं संभालने को ख्याल रख, ज़ुबान फिसल जाती हैं।

शब्दों की अठखेलियां ही अक्सर, रिश्तों का आखेट कर जाती हैं।।

जंग-ए-ज़िरह में, कहाँ कुछ भी हासिल होता है।

ज़ज़्बात आहत, मसला और भी पेंचीदा होता है।।

अक्सर रास्ते, दोस्त, सलाहकार, परिवार या फिर रिश्तेदार होते हैं।

खुद के सिवा हमारी नाकामियों के, ये सब लोग ज़िम्मेदार होते हैं।।

रख ले तू किसी को पगार पर, व्यस्तता थोड़ी कम हो जाएगी।

वो जी लेगा तेरे बदले, तुझे जोड़ने की मोहलत मिल जाएगी।।

ज़िंदगी को बेहतर बनाने में हम कुछ इस कदर मशरूफ होते हैं।

कुदरती तौर पर मुफ्त चीज़ें भी मुँह-मांगे दाम पर खरीद लेते हैं।।

हमदर्दी की नमी से उनके अस्तित्व को ही गला देते हैं।

ज़रा से एहसान पे ज़रूरतमंद को जागीर बना लेते हैं।।

दरिया उफान पे थी और हम मझधार में गोते खा रहे थे।

मुहाने खड़े सलाहकार हमारे, हवा का रुख बता रहे थे।।

कटाक्ष ही तो है! हर रोज़ जिन रिश्तों का इस्तेमाल करते हैं।

एक दिन मुक़र्रर कर के फिर हम उनका ऐहतराम करते हैं।।

जोड़कर हाथ मुस्कुरा देना, पहचान से समझौता मत करना।

ज़िन्दगी लगाएगी कीमत तेरे मुस्कान की, सौदा मत करना।।

नुक्कड़ की बहस में उलझे इस क़दर जैसे जागीर छिन गई।

सियासी रहनुमाओं के खेल में, रोज़मर्रा की यारी तन गई।।

मस्तक से लगा के पुस्तक सिरहाने रख दिया।

नींद के झोंखे ने फिर अपना काम कर दिया।।

अपनी मिट्टी तो बस, मिट्टी की सौंधी खुशबू से ही महक जाती है।

किन खुशियों को कमाने में फिर, ज़िन्दगी अपनी गुज़र जाती है।।

टकरा गई तुमसे उम्मीद मेरी जो, प्रभु बांह पकड़ उसे रोक लेना।

प्रयासों में नहीं कमी मिलेगी, बस उम्मीद का मसला देख लेना।।

अर्थ अर्जित कर संचित करने में हम, जीवन खर्च कर गये।

अर्थव्यूह की संरचना की और अपना ही शिकार कर गये।।

तक़दीर की तरकीबें भी बिल्कुल जुदा होती हैं।

संगीन निगाहों से डराकर फिर मुस्कुरा देती हैं।।

उन्नति का आंकलन अपने अतीत से वर्तमान तक के सफर से कर।

तेरी मंज़िल का तू अकेला मुसाफिर है, रफ्तार भी तय खुद से कर।।

बांटकर रौशनी दिन भर, सांझ की दहलीज पर मैं आराम करता हूँ।

रात की निगरानी में छोड़कर सपनों को, मैं खुद को अस्त करता हूँ।।

वो तो बस मोहरे थे जो वज़ीर की ख़ातिर कुर्बान हो गए।

ज़िक्र आया जो उनकी शहादत का, सब अंजान हो गए।।

बहाने मैं भी बना देता जैसे तूने खुद को दरकिनार कर लिया।

उसकी आँखों की मासूमियत ने मगर, रास्ता ही रोक लिया।।

अंजाम तो तय था, अपनी झूठ के शिकंजे में फंसता चला गया।

हासिल करना था बहुत कुछ शायद, कुछ भी करता चला गया।।

मेरी ख्वाहिशें तो सुषुप्त पड़ीं थीं मस्तिष्क के अंधेरे कोने में।

दिल को लगा रखा था हमने सबकी ज़रूरतों को मनाने में।।

आसमान असीम उड़ान तेरी, पंख तेरे सामर्थ्य तेरा।

यथार्थ से अपने चुनो तुम, जो भी हो आयाम तेरा।।

मेरे सलामती की दुआ तो मांगी थी अपनों ने, मगर किनारे से ही।

उम्मीद न थी जिससे, पहुँचे साहिल पे उस लहर के सहारे से ही।।

ज़िक्र आते ही उनका, तेरे चेहरे के रंग में रोष उभर आता है।

शीर्षक तो है मगर विषय के ज्ञान का आभाव नज़र आता है।।

हकीकत के दस्तक पर भ्रम सारे हवा हो गए, सौतेले से अब पड़े हैं हम।

मनचले थे ठहाकों में गुजर होती थी, भ्रम था ज़िन्दगी के लाडले हैं हम।।

मनसा क्या थी पूछने की! मन में मचल रहा ये सवाल है।

कह दिया सब हाल फिर भी, पूछते हैं-और क्या हाल है।।

सहज कह देती हैं ज़ुबाँ- ख्याल रख, कुछ हो तो बताना।

बात तब बने जब दिल महसूस करे किसी का छटपटाना।।

जीवन दर्शन अपने कर्म से दिखाने वाले पूजनीय हो गए।

जीवन चक्र में उलझाने वाले आज अनुकरणीय हो गए।।

लंबी लगे जो ज़िन्दगी की जंग, काँधे पे अपने ज़िम्मा उठाया करो।

उम्मीद जगा के लोग बस इंतज़ार देंगे, बेवजह वक़्त न ज़ाया करो।।

कम या ज्यादे का तो यहाँ मसला ही नहीं है, तुझे भरम है।

लाइलाज मर्ज़ पाल रखा है तूने, लोग कहते उसे वहम है।।

निगाहें टिकी हैं सबकी मुझपे, या खुदा ये कैसा काम दे दिया।

सबकी उम्मीदों से राब्ता रखने का हमें आज ज़िम्मा दे दिया।।

महफिल में तुझसे पहले, तेरी शख़्सियत पहुँचा करती है।

समझा के रख, तेरे पीछे सबसे तेरी बातें किया करती है।।

न रिश्वत न झूठी गवाही, यहाँ खुद को साबित किया करो।

मन की अदालत में अपनी बेगुनाही का सबूत दिया करो।।

काबिल तो अब भी वो उतना ही है, हालातों की हिरासत से निकल जाएगा।

शक़ की निगाहें जो हटा ले ज़माना, वो नज़र उठा के फिर से दौड़ जाएगा।।

रोजमर्रा की सस्ती खुशियाँ हमें ज़िन्दगी से मोहब्बत करा देती हैं।

आसान किस्तों की महँगी खुशी ज़िन्दगी को क़िस्त बना देती है।।

इतना भी आसान नहीं है ज़िन्दगी में ऐसे मक़ाम हासिल करना।

हो जाना मील का पत्थर एक रोज़, जिस राह पे सीखा चलना।।

युक्ति बनाई प्रभु आपने और निष्पादन का जरिया मैं बन गया।

उसकी बेचैनियों ने दम तोड़ा और मुफ़्त में श्रेय मुझे मिल गया।।

वो तो बेखबर होके तुमसे ज़िन्दगी का लुफ़्त उठा रहे हैं।

तुम परेशां इधर, वो मेरे बारे में न जाने क्या सोच रहे हैं।।

वक़्त है अभी, बुढ़ापे का कुछ इंत्ज़ाम कर लो।

चुनौतियों से तज़ुर्बे निचोड़ने का काम कर लो।।

बेहतरीन लिबास पे हल्की मुस्कान, सब छिपा जाती है।

थोड़ी सी मिट्टी खोदिये तो सही, नमी मिल ही जाती है।।

पहचानती थी आस-पास की हर नज़र मुझको, पर कोई जानता नहीं था।

बदल-बदल के देखे कई मोहल्ले हमने, अजी हर तरफ़ माज़रा यही था।।

सवाल और जवाब के बीच की चुप्पी में दिल को फुसला गया।

दिमाग बड़ा शातिर है, फिर आज अपना जलवा दिखा गया।।

हमें दिलचस्पी नहीं लोग क्या सुनना चाहते हैं।

हम तो वही कहते हैं जो हम कहना चाहते हैं।।

क्या फर्क पड़ता है कि आंच किस से और कैसे आ रही है।

सर्द रात में जम जाएगा, देख चिता अब भी सुलग रही है।।

वादियां थीं, रास्ते थे, बारिशें थीं! सब तो थे साथ मेरे सफर में।

घर वाले यूँ ही परेशान रहते हैं मेरे अकेले जाने की फ़िकर में।।

व्यस्त थी रात, सबको किस्मत के राशन कार्ड पर नींदें बाँट रही थी।

मैं भी था कतार में उम्मीद लिए, बारी आई देखा सुबह हो रही थी।।

मौकापरस्ती और मनमर्जियाँ बड़ी ज़ालिम हैं कुछ भी कराती हैं।

दो गज़ की दूरी बेहतर है, वरना हकारत से मुलाकात कराती हैं।।

आपकी कसम! हालातों ने बदल दिया मुझको, उसी ने साज़िश रचाई है।

चल झूठे! कहाँ इनका वज़ूद अपना, तेरी सोच ने ही बुनी ये परछाई है।।

मिन्नत भरी निगाहों से पलट कर देखना, कुल्फी वाले को रोक रहा था।

महज़ चंद सिक्कों की दरकार थी, कब से माँ का पल्लू खींच रहा था।।

यूँ ही दे दूं विरासत क्या ये मुनासिब होगा।

थोड़ा और तपने दूं, तभी तो कुंदन होगा।।

उस मोहल्ले की पतंग काट कर उनकी उमंग लूट ली।

छलांगें मारते आये थे बच्चे जैसे कोई जंग जीत ली।।

चुनौतियों की आहुति से अहंकार और भी धधकता है।

आवाह्न कर भस्मासुर का खुद का सर्वनाश करता है।।

लम्हों को उन्हीं लम्हों में जीने का मिज़ाज़ जैसे ख़त्म हो गया है।

आज को तस्वीरों में कैद कर कल देखने का रिवाज़ हो गया है।।

इस कदर झांकते हैं मकान एक दूसरे पे चढ़कर, वो उलझन में लग रहा था।

मेहमान पड़ोसी के थे, आने का संदेश कागा मेरे छत की मुंडेर से दे रहा था।।

तकरीबन काट ली थी रात सारी आंखों-आंखों में उसने।

आस छोड़ दी फिर, आखरी पहर की झपकी में उसने।।

ठहर जा किस्मत की लकीरों तुझे मिटा के मैं हाथ खाली कर लूं।

तेरे भरोसे उम्र निकल गयी, इन हाथों से अब कुछ काम कर लूं।।

सोचता हूँ, आड़ी-तिरछी लकीरें जो खींची थी सब साफ कर दूं।

फिर से तेरी तस्वीर बनाकर ऐ ज़िंदगी! तज़ुर्बे वाले रंग भर दूं।।

इम्तिहान के जाल में फंसाकर फिर वक़्त मज़े लेता है।

कसमें-वसमें न खाया करो वो सीधा दिल पर लेता है।।

सही तो कहता हूँ फिर भी रूठ जाना सबका हैरतंगेज़ लगता है।

कब कहां और कैसे कहा, शायद इन सब का मसला लगता है।।

कच्ची नींद से जागा मोहल्ला हरकतें देख उसकी हैरान हो रहा था।

रात के सन्नाटे में, खुद के सूने घर पर बेसुध सा दस्तक दे रहा था।।

जिसने जो जिया है ऐ ज़िन्दगी, इम्तिहान भी उसके वैसे ही लिया कर।

अफरात की परवरिश को तू अभाव के अनुभव का पर्चा न दिया कर।।

गर्म मिज़ाज, ऊँचा लहज़ा, गिरेबां पकड़ना, ऊँगली दिखाना।

खूब आता है उन्हें शख़्सियत देखकर अपनी रंगत दिखाना।।

ना ख़बर मिली जो कई रोज़ तो ज़रूरी नहीं हाल अच्छा होगा।

बात करके देख, शायद वो ज़िंदगी को मनाने में उलझा होगा।।

प्रकृति से बैर और स्वाद से दोस्ती, हमने दोनों ही कर ली।

अच्छी कट रही थी ज़िन्दगी, सेहत से ही बेरुखी कर ली।।

सब अता करके हमें अपनी नज़रों से तुम ओझल न होने देना।

हम शिकायत करेंगे मगर, कुछ ख्वाहिशें अधूरी ही रहने देना।।

अपनी मर्ज़ी से सुना तू ज़िन्दगी, मेरे सफ़र का किस्सा।

इसी कौतुहल में काट लेंगे हम, बांकी उम्र का हिस्सा।।

इतने क़रीब से होके न गुजरा कर, वो पहचान जायेगा।

भ्रम में जीता है, हक़ीक़त तुझे देख के वो डर जायेगा।।

मिल न सका खुशियों! तेरे दरीचे से गुजरा कई बार मैं।

गलत तस्वीर लेके सही पता पूछता रहा सरे बाज़ार मैं।।

ज़िन्दगी कहाँ यारों, हिसाब की तरह चलती है!

कई बार लगता है रुक गई, फिर चल पड़ती है।।

नीम की छाँव, तुलसी का आँगन और पीपल से छन के बरसता सावन हो।

इक अंजान सुरंग से होके गुज़रें और, उस छोर पे वही अपना बचपन हो।।

वक़्त के गुल्लक में झाँका जो आज, बचपन वाले चंद सिक्के दिख गये।

तरकीबें लगाई निकालने की बहुत, अफसोस उंगलियों से फिसल गये।।

नुक्कड़ पे बैठा था फ़क़ीर नसीहत की पोटली लेकर।

दुनियादारी सीखा रहा था, खुद दुनियाँ को छोड़कर।।

उलझ गए न जाने क्यों! अलग अपनी दुनियाँ बसाकर।

रुख़सत किया तो था तूने, ज़रूरत की हर चीज़ देकर।।

न ज़मती जो हसरतों की हक़ीक़त, नई हसरतें फिर बुन लिया करो।

कुछ नहीं और बहुत कुछ के सफर में, बेझिझक आया-जाया करो।।

चलने दो ज़िन्दगी को रफ्तार से अपनी, ढूंढ के सुख ज़ख्मों के निशां कुरेदा न कर।

बैठ तसल्ली से न छेड़ परछाई को अपनी, बेवजह ठहरे पानी में पत्थर मारा न कर।।

गुज़ार ली कितनी, कितना बाँकी है ज़िंदगी का सफर कोई खबर नहीं।

आज गुजरा कल की फ़िक्र में और कम्बख्त कल की कुछ खबर नहीं।।

जंग छेड़ दी है जो खुद से तो फिर, अपने सब्र को भी आज़माया करो।

इतना आसां नहीं जीतना खुद से, नई तरकीबों से मशवरा किया करो।।

कोशिशें की बेशुमार फिर भी, रह गया ज़रा सा।

सहर हो चुकी थी, धुंध में भटक गया ज़रा सा।।

खर्च की हमने सांसें बेहिसाब, तेरे सवालों पर मौन रह कर।

तेरे कमरे में रहे ऐ ज़िन्दगी, उम्र भर तुझसे नज़रें चुरा कर।।

रूठ जाती थी नींदें अल्लहड़पन के दौर में, जो गलती से कभी तकिया बदल लेते थे हम।

ढूँढती चली आती हैं अब नींदें नंगे पाँव मुझको, थक के जो कहीं सर टिका लेते हैं हम।।

आसमान को छूती इमारतों का जंगल है, बारिशों में शहर अपना मौसमी समन्दर है।

इंसानी तरक़्की का क्या नज़ारा है, आँख बंजर दिल पत्थर और हर कोई सिकंदर है।।

मैं उड़ता रहा परिंदों सा उम्र भर, आशियाने बदलता रहा।

क्षितिज की मरीचिका में, न ज़मीं का न आसमां का रहा।।

तेरी ख़ुद्दारी के चर्चे, कल तलक तो सुने थे हमने।

मुफ़लिसी का सौदा, क्यों आज कर लिया तुमने!!

ये ज़िन्दगी करम की खेती है, फसल देख के घबराता है क्यों!

जो मुनासिब था दे दिया तुझको, सज़दे में आके रोता है क्यों!

वक़्त का पहिया घूम चुका अब, परिवर्तन का संकेत दे रहा।

जन मानस के हृदय पटल पर, राम नाम का संलेख हो रहा।।

मौका था तेरी ख़िदमत का मौला, अपनी खुदगर्ज़ी में हमने गँवा दिया।

मुश्किलों में था नाख़ुदा तेरा, कदम बढ़ा के खुद को वापस बुला लिया।।

यादों के पन्ने पलट रहा था, यकायक कुछ किस्से याद आये।

अल्हड़पन की बेफ़िक्री में जीने के, वो फ़लसफे याद आये।।

काँधे पे जब गए तो बस ये जिस्म जलता है।

चैतन्य से गए तो फिर, अहंकार जलता है।।

जो ज़रिया बन के लोगों का मुक्कदर बदल गया।

मझधार में देख उसे सब का नजरिया बदल गया।।

कम्बख़्त मज़बूरियों ने कितने चेहरे बदले।

इनकी शिनाख़्त में हमने कई शहर बदले।।

किसी की मुफलिसी का हाय, सरे बाज़ार तू सौदा न कर।

मल्लाह बनके उसकी कश्ती का, खुद पे तू एहसान कर।।

चल कोई नायाब तरक़ीब करें, चमकते फ़र्श पे खेती करें।

अटपटी सी लगी अगर बात, तो फिर मिट्टी से प्यार करें।।

चाँदनी भी शर्मा जाय, यूँ अमावस को हम सजायेंगे।

ज़मीं को आसमाँ बनाकर, घरों में तारे हम सजायेंगे।।

सहज कहाँ मिल जाती है महज़ उम्र के गुजरने से।

परिपक्वता तो आती है रूठे हालात को मनाने से।।

भ्रांतियों के भँवर में पूर्णतः डूबा जन-मानस, विवेक शून्य हो गया है।

जीवन की विवेचना का सार था धर्म, आडम्बरों का ग्रास हो गया है।।

बहुत उड़ा मैं ऊँचाइयों पे मगर, बंधी थी डोर पहचान गिरवी थी।

गिरा जो कट के आसमान से, आखरी उड़ान पे लगाम मेरी थी।।

शागिर्द था ज़िन्दगी का, वक़्त गुज़रा वो जौहरी बन गया।

आँख के पानी से सीरत परखने का विशेषज्ञ बन गया।।

हज़ारों बातें हर रोज़ करता हूँ तुझसे, इनायत तेरी कि तू कभी थकता नहीं है।

करूँ भी क्या ऐ दिल! मशरूफ़ ज़माने में तेरे सिवा कोई और सुनता नहीं है।।

कोरे कागज़ पे आँसूओं की दो बूंद गिरा के बैठा था।

अब तलक के जीवन का सारांश मैं लिखने बैठा था।।

ज़रा सा वक़्त गुज़ारा जो इधर, खुद को कहीं और आजमाने लगे।

कुछ नयेपन की ये तलाश कैसी, भटकाव से ही दिल लगाने लगे।।

अपनी चादर में समेटकर खुद को, अपना गिरेबान बचा लिया।

ताक में बैठीं थीं रुसवाईयाँ, देखा जो उसने रास्ता बदल लिया।।

तेरी बातों का इल्म है मुझको, इत्मिनान रख बेदाग़ लौट आऊँगा।

फ़रेब कर के जो बच गया इधर, तेरी नज़रों से कहाँ बच पाऊँगा।।

ज़रा-ज़रा सी बात पे, पहचान बताने लगते हैं।

चंद पलों के मुद्दों में ही, जान गंवाने लगते हैं।।

बेवज़ह भी गुजर जाता हूँ आज-कल मैं होके उस सड़क से।

सच! बेसुध हो जाता हूँ कुछ ज़िंदादिल घरों की महक से।।

यार बचपन का वो माज़रा याद है, खिलौने छोड़ कर हम कहीं भी सो जाते थे।

नींद खुलती तो हम अपने बिस्तर पे और खिलौने भी ठिकाने पे मिल जाते थे।।

रौशनी देकर, ब्याज़ में सबके अंधेरे ले गया।

यार दीये! तू तो असली साहूकार बन गया।।

अतीत को अपनी ऊंचाईयों से देखा तो जाना, क्या छूट गया।

महँगे फैसलों के दरम्यान हर बार मेरा ख़ुद से नाता टूट गया।।

खिलौने की ज़िद को उसने, फिर बड़ी मशक्कत से फुसलाया है।

आहिस्ता बोल, सिसकियों की लोरी ने मुश्किल से उसे सुलाया है।।

ज़िम्मेदारियों थोड़ी मोहलत तो दो, तुम आज ज़रा आराम करो।

फ़ुर्सत खड़ी है कब से दरवाजे पे, चलो उसका एहतराम करो।।

हाँ बिल्कुल! मेरे फलसफों की बुनियाद आज भी पुरानी है।

ज़िंदगी! तेरे शब्दों के जाल बदले, पहेलियाँ वही पुरानी है।।

ज़िन्दगी मौके सबको देती है, अपनी बारी का बस इंतज़ार करना।

जिसने गर्भ से गतिमान बनाया, उनकी लड़खराहटें तुम थाम लेना।।

क़ामयाबी अक़्सर खुदगर्जी के बेड़े में जीती है।

कल ये न कहना तेरी भी ऐसी ही आपबीती है।।

ज़माने भर की निगाहों ने जब भी मायूस कर दिया।

उम्मीद का दीया हमने, तेरे दर पे रौशन कर दिया।।

बेमतलब की ख़्वाहिशें तुम अब बेमानी हो गए।

ज़िन्दगी देख तो ज़रा! हम भी सयाने हो गए।।

व्यावसायिकता अनिवार्य और व्यवहारिकता वैकल्पिक हो गई।

सफलताओं का खेल बदला और समाजिकता मूकदर्शक हो गई।।

शौक़ ज़िन्दा रहे ख़ुराक़ ज़रूरी है, कुछ तो इंतजाम रखना।

इधर-उधर की ज़िंदगी में, अपने होने का भी ख़्याल रखना।।

इस दौर में कहाँ लोग ऐसी जल्दबाजी में रहते हैं।

करके एहसान वो गुम होने की फ़िराक़ में रहते हैं।।

तजुर्बे को अपने न जाने क्यों नाराज़ करता है।

अनजानों पे ऐतबार का वो कारोबार करता है।।

इंतज़ाम तो पुख़्ता है, सब काम मज़े में हो जाएगा।

नियति ने जो करवट बदली, सब धरा रह जाएगा।।

उसके शख़्सियत के तासीर की अलग लय है।

रो दे जो अगर तो आँसूओं की नीलामी तय है।।

दरिया को बाँधकर बहाने का हुनर रखते हैं हम।

मन को बाँधने में फिर, क्यों बिखर जाते हैं हम।।

मान भी जाइये वो दौर गुजर गया, अब सब चलता है।

आप उलझे हैं अब तक सलीके में, यही तो चुभता है।।

शैलाब आया है! कोशिश न कर बांधने की सब बह जाने दे।

लग के साहिल से जो खड़ा है दर्द का मकान, ढह जाने दे।।

घुटन का बोझ बढ़ गया है जल्द सीने से उतारना होगा।

क्या कहेगा ज़माना! ये छोड़ कर आगे निकलना होगा।।

दवा कर ली दुआ भी कर ली, नखरे रुकते ही नहीं बीमार तन के।

कैसे होगा असर इनका, जुड़े हुए हैं तार अवसाद ग्रसित मन के।।

लो आ गया दर पर तेरे, दिल खोल कर शिकवे अता करो।

जाति मसला है ख़ुदा मेरा-तेरा, अपने बीच ही रखा करो।।

साथ चल तू रास्तों के, ज़रिया समझ के बस गुजरा न कर।

रुखसती मिलेगी यादों की तज़ुर्बों की, एहतराम करा कर।।

किसी की रफ्तार ने आज रोक दीं साँसें उसकी।

तमाशे सा पड़ा था, बता क्या थी खता उसकी।।

बहुत ढूँढा अंदर, बेचैन होके झुग्गी की तलाशी भी ली।

रोटी की ख़ातिर मगर, न ज़मीर था न तीली ही मिली।।

हिसाब रख, मुफ़्त हैं मगर गिनती की मिलती हैं।

साँसें हैं, जब कमती हैं तो बेशकीमती लगती हैं।।

आत्म-अवलोकन या फिर समर्पण का भाव लगेगा।

आत्म-परिष्कार के लिये इतना मूल्य अवश्य लगेगा।।

दिमाग सिर्फ सवाल और जवाब करता है।

ये दिल ही है, जो हमें कामयाब करता है।।

मुझपे ही छोड़ देता, तेरे हिस्से की जायदाद लेके बैठा था।

माँगा भी तो बस एक तारा, मैं तो आसमां लेके बैठा था।।

बातों की गठरी बाँधे, संदेह की गलियों में गुम हो जाता है।

घुमक्कड़ है मन, टोको तो रूठकर कोने में बैठ जाता है।।

मिन्नतें की कई बार मगर सिरे से तूने खारिज़ कर दिया।

आज समझा मैं गलत था, हक़ में मेरे फैसला कर दिया।।

घर बन के बसा कई बार, मकां बन के फिर मैं बिक गया।

सबकी हसरतों और हादसों का, चश्मदीद बनके रह गया।।

परखने का बदलने का तू, इतना भी नशा न कर।

वो जैसा भी है जी लेगा, खुद को तू खर्च न कर।।

कुछ और नहीं, वो बस सुरक्षा का कवच ओढ़ती है।

दुर्घटनाओं के चक्रव्यूह को, सावधानी ही तोड़ती है।।

नफ़रत न कर, उसकी गिरफ्त में आ जाएगा।

अपनी खुशियों समेत पूरा ज़ब्त हो जाएगा।।

प्रगति का आँकलन अब, नये मापदंड से करना होगा।

बाहर के शीर्ष को छोड़, मन की गहराई में उतरना होगा।।

वक़्त के फासलों में देखा है, सम्बोधन के ओहदे बदल जाते हैं।

कामयाब हुए तो दोस्त बचपन के, तू से आप पर उतर जाते हैं।।

अलाव घेरकर बैठे अपनों के बीच हर रोज़, नए मुद्दे का चुनाव होता था।

ज्वलंतशील समस्याओं का भी, अलाव बुझने से पहले इलाज होता था।।

छोड़ आया था अपनी खुदगर्जी में तुझे सोते रात के सन्नाटों में।

क्या ज़िद है! क्यों जगा है ऐ शहर तू अब तलक मेरी रातों में।।

बे सिर-पैर के किस्सों और खेलों में बेसुध अपना दिन गुजरता था।

अंधेरे की दस्तक पे दरवाजे खोलने का हमें फिर पैगाम आता था।।

देख रहे हो! इंसानी कदमों के आंकड़े आज-कल घड़ियां बताया करती हैं।

हमें तो सांझ की झपकियां अब भी, थकान का संज्ञान दिलाया करती हैं।।

पलटते देखा था कई बार मैंने उसे, तू जबरन लेके जा रहा था।

अनमने बच्चे सा उंगली पकड़े, तेरे साथ तेरा मन जा रहा था।।

बाहर भटकता रहा मैं उम्र भर, तलाश किसकी थी ये समझ न सका।

एक सुरंग थी भीतर सुनसान सी, मुहाने से आगे कभी बढ़ न सका।।

उसके किस्से में कुछ देर खुद को भुला देता है।

दर्द मिलता है जब भी दर्द से, मुस्कुरा देता है।।

धड़कनें तेज, पसीने से तर-बतर वो बेतहासा हाँफ रहा था।

नींद की गहराइयों में शायद अपने अतीत से भाग रहा था।।

जीवन के उमंग को खालीपन के दीमक से बचाये रखती है।

फिक्र अपनी हो या अपनों की, हमें व्यस्त बनाये रखती है।।

ज़िंदगी के सफर में अक्सर हमें अनिश्चितताओं से भरे अंधे मोड़ मिल जाते हैं।

अनियंत्रित उत्सुकताओं की उंगली पकड़ के हम अंदाज़ से आगे बढ़ जाते हैं।।

बिना कष्ट के किसी को भी कृष्ण नहीं मिलते।

जिन्हें मिल गये, उनसे फिर कष्ट नहीं मिलते।।

भौतिकता जो कमाई सब धूल, मुफ़्त की सांसें बेशकीमती हो जाएगी।

ज़रा देर जो तुम बैठोगे अकेले में, शर्तिया खुद से मोहब्बत हो जाएगी।।

ज़िंदगी! एक साथ न दिया कर कई किरदार निभाने को, कुछ रूठ जाते हैं।

जब भी झांकते हैं वो मेरी तन्हाइयों के रोशनदान से, मायूस नज़र आते हैं।।

अभिव्यक्ति - नारी के स्नेह की

कितना करोगी! बुदबुदाकर कहा थकान ने चल ज़रा आराम करते हैं।

वक़्त निकाल वक़्त को बहलाकर, फिर मायके में तेरे शाम करते हैं।।

अभी तो जुड़ा था रिश्ता, तेरी मोहब्बत में हमें हिस्सेदारी मिलनी थी।

कहाँ खबर थी! तेरे सम्मान को संभालने की ज़िम्मेदारी मिलनी थी।।

#For martyr's widow

अरे! आज तो इतवार है फिर भी सुबह-सुबह वो तैयार है।

दिन कोई भी हो रोटी की तो घर में हर रोज़ ही दरकार है।।

तेरे पास बैठ जाते हैं बस, ख़ामोशी ओढ़कर।

संभाल ही लेती है तू माँ सारे काम छोड़कर।।

मन! तेरी फरमाइशों से, थक जाता हूँ मैं।

माँ नहीं ज़िन्दगी हूँ यार, ऊब जाता हूँ मैं।।

ज़िन्दगी मुख़्तसर हो गई अब तलक की, सारांश लेकर तेरे साथ चल पड़ी हूँ।

छोड़कर अपने अस्तित्व का मैं आँगन, तेरे अस्तित्व को संवारने चल पड़ी हूँ।।

झुर्रियों के साये क्या पड़े, माँ-बाप के ख्यालात ही पुराने हो गए।

काबिल क्या हुए औलाद, अपनी जड़ों से ज्यादा सयाने हो गए।।

अपना आज वो, कल की झोली में डाल कर फिर भूल जाती है।

माँ रात की चारपाई पे थकान ओढे हमारे कल में लग जाती है।।

है जन्मदात्री अन्नपूर्णा वो, सहनशीलता, ममता और धीरज का भंडार है।

कैसे करोगे तुम बराबरी, परजीवी सा जीवन और दो पैसे का अहंकार है।।

अभिव्यक्ति - शायरों की

शब्दों के हेरा-फेरी की जादूगरी इतनी आसान नहीं होती।

बड़ा दिलचस्प है ये हुनर, इसकी कोई तालीम नहीं होती।।

बज़्म में आये हो जो नज़्म की, अपनी मौजूदगी भी दर्ज कराया करो।

शेर में मिल जाएंगे तेरे भी किस्से, दिल से इज़हार तो पहुँचाया करो।।

तर्जुबा अपना वो सादगी से सुना गए एक शेर में।

औंधे मुँह लेटा रहा मैं रात भर समझने की फेर में।।

एहसास किसी के कैसे भी हों, अल्फ़ाज़ से सजा कर बेच देता है।

सामान तेरे और खरीदार भी तू, मुनाफा कमा के वो चल देता है।।

अभिव्यक्ति - अनुभूतियों की

घर वापसी

बिखरा पड़ा है कारोबार आऊँगा,

ज़रा सा काम रह गया है।

हर तारीख़ पे नया बहाना,

न लौटने का तेरा मन हो गया है।

याद है आख़िरी गली का पहला घर,

वो भी कल सूना हो गया है।

मज़े की बात ये कि वहाँ भी कोई,

लौट कर आने की बात कह गया है।

बस एक इंतज़ार है जो सूने मकानों का,

साँझा मेहमान हो गया है।

सब्र था जो अब तक साथ मेरे,
हाथ जोड़े अभी-अभी गया है।

मैं भी अपनी मिट्टी और तेरे मकां के बीच,
खानाबदोश हो गया हूँ।
सोचा समेट लूँ जो कमाया है यहाँ,
मेरे भी आखरी सफर का वक़्त हो गया है।

फिर ख़्याल आया- खाली ही तो जाना है,
ये मुझे आज क्या हो गया है।

हर तारीख़ पे नया बहाना,
न लौटने का तेरा मन हो गया है।।

अना के साथ जी ले या कोई अपना तू रख ले

तरक़्क़ी के इस दौर का सौदा तू नया रख ले।

बाहें मिलती हैं अक्सर, मगर अब दिल नहीं मिलते।

हदों में मिलने का अब ये, सलीका तू नया रख ले।

अना के साथ जी ले या कोई अपना तू रख ले।

लड़कपन की यादों से, खुद को तू रिहा कर ले।

मिलके भी न मिलने का, रिवाज़ तू नया रख ले।

अना के साथ जी ले या कोई अपना तू रख ले।

रिश्तों की गहराई में अब, मोती नहीं मिलते।

किनारों पे ही रहने का, सबक ये तू नया रख ले।

अना के साथ जी ले या कोई अपना तू रख ले।

तजुर्बेकार बैठे हैं कई, चलो तुझको मिलाता हूँ।
तजुर्बे सुनने का पहले, हौसला तू ज़रा रख ले।

अना के साथ जी ले या कोई अपना तू रख ले।
तरक़्क़ी के इस दौर का सौदा तू नया रख ले।

आओ रगों में आज से अपने

वो "मेरा" हिंदुस्तान ढूँढते हैं।

सलाम करती थी जिसे दुनिया -

वो अपनी संस्कृति का सम्मान ढूँढते हैं।

आओ रगों में आज से अपने,

वो "मेरा" हिंदुस्तान ढूँढते हैं।

तिरंगे को कफ़न बना के जो सो गये,

उनके बलिदान का अभिप्राय ढूँढते हैं।

आओ रगों में आज से अपने,

वो "मेरा" हिंदुस्तान ढूँढते हैं।

क्या कोई रंग तिरंगे का शामिल है मुझमें!

खुद में इस सवाल का जवाब ढूँढते हैं।

आओ रगों में आज से अपने,

वो "मेरा" हिंदुस्तान ढूँढते हैं।

इतिहास के पन्नों में सुशोभित-

दुनिया का सरताज ढूँढते हैं।

आओ रगों में आज से अपने,

वो "मेरा" हिंदुस्तान ढूँढते हैं।

आज अंत है इक पड़ाव है

कल नयी शुरुआत होगी।

बंद मुट्ठी में क़ैद,

बेसक कोई सौगात होगी।

आज अंत है इक पड़ाव है,

कल नयी शुरुआत होगी।

लकीरों की ज़ुबाँ में जो कहते हैं अक्सर,

वो किस्मत भी तुम्हारे साथ होगी।

नई सुबह का आँखों में इंतज़ार करना,

नये रिश्तों ने ली अंगड़ाई होगी।

आज अंत है एक पड़ाव है,

कल नयी शुरुआत होगी।

दूर रहकर भी चाहत की पहुँच से,

सन्नाटों में एक सदा सी आई होगी।

तेरे चेहरे पे यूँ मुस्कान ता-उम्र रहे,

हमारी धड़कनों ने ये फ़रियाद लगाई होगी।

आज अंत है इक पड़ाव है,

कल नयी शुरुआत होगी।

ग़म में सर ना झुकाना तुम,

ये तौहीने जुदाई होगी।

रुक-रुक के ना रूखसत होना,

आँख शायद किसी-की भर आई होगी।

आज अंत है इक पड़ाव है,

कल नयी शुरुआत होगी।।

आहिस्ता-आहिस्ता रात गुज़र ही जाएगी

सब्र कर लें ज़रा, ज़िंदगी संवर ही जाएगी।

चँद मोड़ हैं मुश्किलों के जीवन की राहों में,

किसी चौराहे पे इक रोज़, मंज़िल मिल ही जाएगी।

आज बैठा है वक़्त नज़रें चुरा कर,

मेरी मोहब्बत से तेरी नाराज़गी धुल ही जाएगी।

आहिस्ता-आहिस्ता रात गुज़र ही जाएगी,

सब्र कर लें ज़रा, ज़िंदगी संवर ही जाएगी।

ऐ मुश्किलों! तेरे आने का डर नहीं मुझको।

तकलीफ़ होगी, जो तू वक़्त से पहले ही चली जाएगी।

इकरार किया था ख़ुद से कि साथ निभाऊंगा तेरा,

क्या ख़बर थी तू खुशियों में बदल जाएगी।

आहिस्ता-आहिस्ता रात गुज़र ही जाएगी।

सब्र कर लें ज़रा, ज़िंदगी संवर ही जाएगी।

इक ठंढी आह काफ़ी है

चैनो-सुकून से दोस्ती के लिए।

एक पल का सहारा काफ़ी है,

ता-उम्र गिर के संभलने के लिए।

तेरे प्यार का इक स्पर्श काफ़ी है माँ,

तमाम तकलीफ़ो की नाराज़गी के लिए।

इक दिशा काफ़ी है शाबाशी की,

सफलताओं की कड़ी बुनने के लिए।

तेरी बाहों का आलींगन काफ़ी है दोस्त,

रंजिश के फ़ासलों को मिटाने के लिए।

एक दिल काफ़ी है मेरे यार,

तेरे ज़ख़्मों की पनाहों के लिए.

तेरे जहन में एक कतरा ख़्याल का, काफ़ी है खुदा-

मेरी तमाम दुआओं के असर के लिए।

इक ठंढी आह काफ़ी है,

चैनो-सुकून से दोस्ती के लिए।

इक लम्हा ठहर जाये

ये वक़्त की फितरत में नहीं।

चुरा लें वक़्त के खाते से अपनी गुनाहों के पन्ने,

ये इंसान की कूबत में नहीं।

कैद होके थम जाए,

ये हवा की रज़ामंदी में नहीं।

हवा के झोंके में थम के बरस जाये,

बादलों के इरादे में इतना ज़ोर नहीं।

शिकायत के लब्ज ज़ुबाँ बोले,

ये मोहब्बत की तालीम नहीं।

मोहब्बत को मिटा सके,

नफ़रत में इतनी शिद्दत ही नहीं।

खुद के नसीब पे रोना,

ये बुजुर्गों की नसीहत में नहीं।

नसीब के बंटवारे में मिलावट,

ये रब की वसीयत में नहीं।

इक लम्हा ठहर जाये,

ये वक़्त की फितरत में नहीं।

इमारतों के जंगल में इंसान खो गया है

मकान तो दिखते हैं बहुत, वो अपना घर खो गया है।

एकांकी जीवन की होड़ में, संस्कारों का सम्मान खो गया है।

बुजुर्गों के चरणों में होती थी ज़न्नत, अब घुटनों तक ही प्रणाम हो गया है।

बदलती ज़रूरतों के दरमयां हम शायद गुमराह हो गए हैं।

पूरब की आज़ादी छोड़ कर क्यों, पश्चिम के गुलाम हो गए हैं।

कस्बाई रिश्तों का शहरों में, गबन हो गया है।

घर के अंदर भी, दस्तक का चलन हो गया है।

इमारतों के जंगल में इंसान खो गया है।

मकान तो दिखते हैं बहुत, वो अपना घर खो गया है।

इल्तिजा

सूखी आँखों में अब मौला, खुशियों की इक बूँद दे।

तन दिया है जान को तो, जीने की उम्मीद दे।

शर्म और ईमान को, थोडी सी मोहलत तो दे।

मौत के कफ़न से पहले, जिंदगी को आबरू तो दे।।

बचपन दिया है खेलने को, ममता का आँचल तो दे।

रेल की पटरी पे सोते, बाप सी कोई छत तो दे।

हलक सूख कर खामोश हो गये, सिसकियों में दम तो दे।

ज़ख्म गहरे भर जायेंगे, दर्द में तड़प न दे।

दफ्न आरज़ूओं के किस्सों को, इक नया कोई मोड़ दे।

फिर से जी लें दो घडी को, ऐसी ही कुछ भूख दे।

सूखी आँखों में अब मौला, खुशियों की इक बूँद दे।

तन दिया है जान को तो, जीने की उम्मीद दे।

इस शाम में आँख नम सी क्यों है

फिजा में खामोशी, दिल में हल्की सी तड़प क्यों है!

दूर बादलों को छू कर गुजरती ये हवा -

खामोश रिश्तों को जगाती क्यों है!

खुद को बहलाकर, इन आँखों को था समझाया -

रुक-रुक के वक़्त इन्हें फिर से रुलाता क्यों है!

मुख्तसर सी दास्ताँ को दोहराती ये शाम -

वो खुशनुमा लम्हें, उड़ते पंछी की तरह दिखाती क्यों है!

बादलों के पीछे समँदर की गोद में समाता सूरज -

अपनी किरणों से मेरे चाँद को जगाता क्यों है!

इस शाम में आँख नम सी क्यों है !

फिजा में खामोशी, दिल में हल्की सी तड़प क्यों है!

औरों के कहे पे जो तुम चल दिये

रास्ते देखो अपने जुदा कर गये।

बात थी भी नहीं और बिगड़ भी गई!

हवा में बनाया था किस्सा किसी ने,

न जाने क्यों तुम यकीं कर गये।

औरों के कहे पे जो तुम चल दिये,

रास्ते देखो अपने जुदा कर गये।

आँखों की ज़ुबाँ से बुना था ये रिश्ता,

नज़रों की गुफ़्तगू से तुम क्यों डर गये!

औरों के कहे पे जो तुम चल दिये,

रास्ते देखो अपने जुदा कर गये।

हम भी सही थे ये दिल ने कहा,

रिश्ते ने कहा हम चुप रह गये।

औरों के कहे पे जो तुम चल दिये,

रास्ते देखो अपने जुदा कर गये।

तुम सही थे ये बस इत्तला कर गये,

सिक्के के एक पहलू पे, फैसला कर गये।

औरों के कहे पे जो तुम चल दिये।

रास्ते देखो अपने जुदा कर गये।

कभी नींद से त्रस्त थे

आज नींद को तरसते हैं हम।

कभी दोस्तों से बेहाल रहते थे-

आज मिलने को तड़पते हैं हम।

कभी चाहत को आसमां समझ के भूल जाते थे-

आज आसमां पे हैं बगैर चाहत के हम।

कभी तेरी जुस्तजू में जीते थे-

आज पास रह के भी क्यों दूर हैं हम।

कभी माँ की हर टोक नागवार थी-

आज इक टोक के लिए बिलखते हैं हम।

कभी चराग़ जलाते थे रौशनी में-

आज शम्मा बुझाए अंधेरे में बैठे हैं हम।

कभी अपने ईमान का फक्र था-

आज तरक्की के जुनून में खुद से शर्मशार हैं हम।

कभी दिल की दलील को खुदा का फरमान समझते थे-

आज दिमाग की विसात पे सब कुछ लुटाये बैठे हैं हम।

कभी नींद से त्रस्त थे-

आज नींद को तरसते हैं हम।

कल और आज में यारों देखो

फर्क ज़रा सा।

ज़रा से ऐतबार पे चलता था,

व्यापार बड़ा सा।

करार की शक्ल में भी है आज,

ऐतबार ज़रा सा।

कल और आज में यारों देखो,

फर्क ज़रा सा।

इंसानों की भीड़ में दिखता था कोई,

बेईमान ज़रा सा।

तरक्की के इस दौड़ में है आज,

ईमान ज़रा सा।

कल और आज में यारों देखो,

फर्क ज़रा सा।

पूरा गाँव ही दिखता था,

परिवार बड़ा सा।

माँ की शक्ल का बच्चों को होता है,

आज इंतज़ार बड़ा सा।

कल और आज में यारों देखो,

फर्क ज़रा सा।

दुआओं का तो लगता था,

मुफ्त बाज़ार बड़ा सा।

एहसानों का चलता है आज,

व्यापार बड़ा सा।

कल और आज में यारों देखो,

फर्क ज़रा सा।

कल ख़्वाब में देखा था

किसी से गहरी बात हो रही थी।

भूत और भविष्य के दरमयां गुजरते,

शायद ज़िन्दगी से मुलाक़ात हो रही थी।

हथेलियाँ जुड़ी थी दोनों,

कुछ दरख्वास्त आ रही थी।

भाव थे सहमे से,

आँखों से गुज़ारिश आ रही थी।

यूँ ना बस गुजरने दे वर्त्तमान को,

आज में जीने की कला बता रही थी।

जो गुजर गया जिये बिना,

उसे नुकसान बता रही थी।

गुजरे वक़्त को सारांश की थपकी और

भविष्य के प्रश्नचिन्ह पे विराम लगा रही थी।

मेरे सिरहाने बैठकर,

बेचैन मन को मेरे सहला रही थी।

कल ख़्वाब में देखा था,

किसी से गहरी बात हो रही थी।

भूत और भविष्य के दरमयां गुजरते,

शायद ज़िन्दगी से मुलाक़ात हो रही थी।

कुछ बदल रहा है शायद

रैनबसेरा अब आशियाना बन रहा है शायद।

सुबह और शाम की मुलाकातों में,

गुज़र रही थी ज़िन्दगी।

तेरे बग़ैर गुज़र गये जो लम्हे,

उनका अफ़सोस हो रहा है शायद।

कुछ बदल रहा है शायद,

रैनबसेरा अब आशियाना बन रहा है शायद।

उस भीड़ का हिस्सा थे हम,

जो अंतहीन दौड़ में थी शामिल।

पाँव थम गए हैं जब से,

साँसों को लय मिल रही है शायद।

कुछ बदल रहा है शायद,

रैनबसेरा अब आशियाना बन रहा है शायद।

पलक झपकते गुजरता था दिन,

एक झपकी में रात कटती थी।

भोर का अमृत पान, सूर्योदय को प्रणाम-

सूर्यास्त अब अंतर मन में घुल रहा है शायद।

कुछ बदल रहा है शायद,

रैनबसेरा अब आशियाना बन रहा है शायद।

कैसी दौलत कमाई

ख़ुदा हो गये।

और ख़ुदा से ही देखो-

जुदा हो गए।

अहम दिल में जब से-

घर कर गया।

दिल के रिश्तों को ही-

बेघर कर गया।

आप खुदगर्ज़ जो-

इस कदर हो गये।

देखो खुद से ही तो-

बेख़बर हो गये।

खुशियों का समंदर तो-

अंदर ही था।

आप जाने कहाँ -

गुमशुदा हो गये।

कैसी दौलत कमाई-

ख़ुदा हो गये।

और ख़ुदा से ही देखो-

जुदा हो गए।

क्यों थम गयी साँस

वक़्त के गुज़रने से पहले!

कितने जज़्बात दफ़्न हो गये-

ख़ुशी बनने से पहले।

पलकों पे मोती से संज गये आँसू-

गम के पिघलने से पहले।

सपनों की आकृतियाँ बिखर गयीं-

रंगों के भरने से पहले।

पट गिर गये रंग-मंच के-

तमाशा मुख़्तसर होने से पहले।

सफ़र ख़त्म हो गये-

उम्र-दराज़ की दुआ से पहले।

अब तो बस आसमां से तकता हूँ-

तारों के बुझने से पहले।

क्यों थम गयी साँस,

वक़्त के गुजरने से पहले!

खोखले मान के अभिमान में

क्यों ख़ुद के कोने में सुलगते हैं।

ख़ुदा की रज़ामंदी में,

क्यों इनकार के सुर खनकते हैं।

टूटते रिश्तों के चौसर में,

क्यों मासूमों के दाँव लगते हैं।

जीवन की कड़ी तोड़ने की आग में,

क्यों वो नादान झुलसते हैं।

बसे थे जो इक दूजे की धड़कनों में,

क्यों रह-रह के हैरान से धड़कते हैं।

जान अटकती थी कभी ख़ामोशी में,

क्यों नपे-तुले ही अब अल्फ़ाज़ निकलते हैं।

ज़िंदगी को सांस मिलती थी तेरे बाहों के घेरे में,

क्यों अनजान बनके हम यूँ घुटते हैं।

इक जान थे दो जिस्म में,

क्यों प्राण के टुकड़ों को लिये फिरते है।

आओ सुहानी यादों के उजाले में,

खोए रिश्तों के सिरे ढूंढते हैं।

चंद नई मुलाक़ातों में,

वो पुराने रिश्ते फिर से जोड़ते हैं।

ग़ज़ब मत करना

बस इतना सा करना,

ग़ज़ब मत करना।

किसी के ज़ख़्मों के नुमाइश की,

गुजारिश मत करना।

अंधेरे की तलब देकर उसे फिर,

उजालों में भटकाने की साजिश मत करना।

टूटा है तो बिखर जाने दो,

करीब रह के और गुनाह मत करना।

वजूद निखर जाएगा ठोकरों की पनाह में,

आह भर के उसे तिनकों में तब्दील मत करना।

ज़ूनून की ज़िद पे कभी,

किसी से जिरह मत करना।

बस इतना सा करना,

ग़जब मत करना।

गुफ्तगू

आओ कुछ गुफ्तगू करें-

खुद को खुद के रू-बरु करें।

कुछ कह रहा है दिल न जाने कब से,

चलो आज सुनने का हौसला करें।

आओ कुछ गुफ्तगू करें-

तरक्की के जुनून में, सुकून बैठा है रूठ कर,

आओ इस जुनून से भी कुछ बात करें।

आओ कुछ गुफ्तगू करें

अठखेलियाँ गुमशुदा हैं बचपन की गलियों में,

चलो यादों के नक्शे पे उसे फिर तलाश करें।

आओ कुछ गुफ्तगू करें-

मसले आते रहेंगे ज़िंदगी में रह-रह कर।

जो हाशिल किया है उसका तो एहतराम करें।

आओ कुछ गुफ्तगू करें-

माना वक़्त नहीं मिलता रोज़मर्रा की ज़िंदगी में,

ज़िंदगी से मिलने का मगर शिलशिला तो शुरू करें।

आओ कुछ गुफ्तगू करें-

खुद को खुद के रू-बरु करें।

गुस्ताखियों को हमारी तूने

क्यों हँसी में उड़ा डाला।

प्यार से हमें तूने,

क्यों नादान बना डाला!

माँ की रूह बनकर,

दुनियाँ में हमें पाला।

पिता की उँगली बनकर,

हर पल हमें संभाला।

सूरज की किरणों में बसकर,

तमाम अंधेरा मिटा डाला।

पर्वतों का धैर्य बनकर,

तूफानों का रुख मोड़ डाला।

नदिया की धार बनकर,

समंदर से मिला डाला।

हवाओं में घुल कर,

समंदर को आसमाँ से मिला डाला।

फुरसत से संजाई धरती तूने,

हमने शौक से बंज़र बना डाला।

इंसान बनाये तूने भगवन,

हमने खुद को मज़हबी बना डाला।

मोहब्बत सिखाई तूने हर रूप में,

हमने इबादत को धंधा बना डाला।

सज़ा के बदले तूने,

क्यों हमें गले से लगा डाला!

गुस्ताखियों को हमारी तूने,

क्यों हँसी में उड़ा डाला।

छोटा था मैं घर में सबसे

वक़्त के साथ शायद बड़ा हो गया।

वो बड़े थे तो उनको स्वतः ही,

अधिकारों का स्वामित्व मिल गया।

और मैं घर की जिम्मेदारियों का,

एकलौता वारिस हो गया।

छोटा था मैं घर में सबसे,

वक़्त के साथ शायद बड़ा हो गया।

अपनी दहलीज से दूर उनके,

मक़ाम का सफर तय हो गया।

मैं आंगन की तुलसी के ख्याल में,

अपनी जड़ों से लिपटा रह गया।

छोटा था मैं घर में सबसे,

वक़्त के साथ शायद बड़ा हो गया।

मुमकिन नहीं है लौट कर आना,

वो बुलंदियों को अपनी मज़बूरी बता गया।

मैं मकां को घर बनाने की चाह में,

ज़मीं से जुड़ा ही रह गया।

छोटा था मैं घर में सबसे,

वक़्त के साथ शायद बड़ा हो गया।

बुढापा संवारने की फिक्र में शायद,

उनका जीना ही रह गया।

मैं बुढ़ापे के साथ रह के,

ज़िन्दगी के दो पड़ाव जी गया।

छोटा था मैं घर में सबसे,

वक़्त के साथ शायद बड़ा हो गया।

जंगल के आग सी लिपटी हैं मुझसे यादें तेरी

कितनी भी बुझा लूँ, और दहकती हैं यादें तेरी।

कितने पहरे बिठा रखे हैं हमने, दिल के तहखाने पे।

न जाने कौन से रस्ते, दबे पाँव चली आती हैं यादें तेरी।

दर्द पिघलता है कतरा-कतरा, चाहत बढती है लम्हा-लम्हा।

तू ना सही, मेरी साँसों का ज़रिया बन रही हैं अब यादें तेरी।

गुजरे लम्हों का हर रंग, संजाये बैठा हूँ चेहरे पे अपने।

हर शय की नज़र बन के अब, देखती हैं मुझको यादें तेरी।

जंगल के आग सी लिपटी हैं मुझसे यादें तेरी।

कितनी भी बुझा लूँ, और दहकती हैं यादें तेरी।

जद्दोजहद ज़िन्दगी में

हर रोज़ होता है।

खुद से लड़ना ख़ुद को बदलना,

हर रोज़ होता है।

आँखों का खार है पर देख कर उसे मुस्कुराना,

हर रोज़ होता है।

किसी खास रोज़ का इंतजार बस,

हर रोज़ होता है।

हम क्या थे क्या हो गए! ये चर्चा ज़हन में कहाँ,

हर रोज़ होता है।

अपने वज़ूद की निशानी ढूँढना कहाँ,

हर रोज़ होता है।

बेवज़ह मौला तुझे याद करना भी अब कहाँ,

हर रोज़ होता है।

जद्दोजहद ज़िन्दगी में,

हर रोज़ होता है।

ज़िंदगी का आखरी पड़ाव

हसरतों को समेटने का पड़ाव।

दुआओं को समेटने का पड़ाव।

यादों के पन्ने पलटने का पड़ाव।

ताज़ूर्बे बाँटने का पड़ाव।

दोस्तों की विदाई का पड़ाव।

अपनों की आहट को तरसते कानों के, इंतज़ार का पड़ाव।

धुँधली आँखों से रिश्ते पहचानने का पड़ाव।

थक चुकी सांसों को बहलाने का पड़ाव।

रब से सिमट्ती दूरियों का पड़ाव।

ख्वाहिशें और ज़िंदगी के बीच बढते फ़ासलों का पड़ाव।

हर सुबह, आख़िरी शाम के इंतज़ार का पड़ाव।

वक़्त की सूइयों के ठहरने का पड़ाव।

काँपते होठों से अलविदा कहने का पड़ाव।

शायद यही है ज़िंदगी का आखरी पड़ाव।

ज़िन्दगी चलती है ठहर जाती है

हक़ीक़त भी किस्सों में बदल जाती है।

मकान कहते हैं जिसे, इक रोज़-

खंडहर में बदल जाते हैं।

खुली आँखों में बसा रखी थी चाहत,

पलक झपकते ही तस्वीर बदल जाती है।

सच्चाई की पहचान हुआ करती है जो अक्सर,

वक़्त और हालात सी वो ज़ुबाँ भी पलट जाती है।

दीदार से जिनके सुकून मिलता है अक्सर,

मुश्किलों में उन रिश्तों की पहचान बदल जाती है।

मेहनत से बनती है फुर्सत से संवरती है हर शय,

क्यों ताश के पत्तों सी एक रोज़ बिखर जाती है।

ज़िन्दगी चलती है ठहर जाती है,

हक़ीक़त भी किस्सों में बदल जाती है।

झूठ बुलंदी की छत के नीचे

बैठ तमाशा देख रहा।

काले घन के बौछारों में,

सच अकेला भींग रहा।

(झूठ) कितनी बार हरा चुका हूँ,

अहम झूठ का बोल रहा।

अपने जैसा लाखों पाकर,

अपने तम में झूम रहा।

(सच) एक अकेला लाख बराबर,

सच का साहस बोल रहा।

जीतूंगा हर बार मैं तुझसे,

अंतर मन ये बोल रहा।

(झूठ) तेरी बर्बादी का आलम,

देख मेरा मन झूम रहा।

मुझको हराने की ख्वाहिश में,

व्यर्थ क्यों जीवन गँवा रहा।

(सच) भीड़ में रहकर भी तुझको,

डर क्यों मुझसे लग रहा।

युगों-युगों से जीत रहा हूँ,

सच का भीगा मन ये बोल रहा।

झूठ बुलंदी की छत के नीचे,

बैठ तमाशा देख रहा।

काले घन के बौछारों में,

सच अकेला भींग रहा।

तनाव

ख़ुदकुशी के बाद का मुझको किस्सा न बनने दो।
मैं अभी ज़िंदा हूँ यारों, बस ये एहसास तुम करा दो।

बाहर की भीड़ और, अंदर की तन्हाईयों में उलझा हूँ।
दरकिनार होके जो बैठूँ सब से, इर्द गिर्द अपनी नज़र का पहरा बढ़ा दो।

मैं अभी ज़िंदा हूँ यारों, बस ये एहसास तुम करा दो।

थक चुका हूँ मैं शायद, अपने अंतहीन उड़ान से।
गिरने का डर है अंदर, ज़मीन से मेरी पहचान फिर करा दो।

मैं अभी ज़िंदा हूँ यारों, बस ये एहसास तुम करा दो।

कुछ पल रहा है ज़ेहन में, एक वक़्त रुक सा गया है।
हाथ रख के काँधे पे मेरे तुम, वो वक़्त फिर से चला दो।

मैं अभी ज़िंदा हूँ यारों, बस ये एहसास तुम करा दो।

डरा सा सहमा सा बैठा हूँ, अपने अकेलेपन के गर्भ में।

धड़कनें रुक सी रही हैं, गले लग के इसकी रफ़्तार फिर बना दो।

मैं अभी ज़िंदा हूँ यारों, बस ये एहसास तुम करा दो।

तरक्की के तरकस में

गुमान के तीर मत रखना।

नज़र रख बेशक आसमां पर,

ज़मीं से नाराजगी मत रखना।

वर्तमान की ऊँचाईयों पे,

अतीत की सिफारिशें मत भूलना।

भविष्य की उडान में,

किसी के रातों का जागना मत भूलना।

लहरों की दोस्ती में,

साहिल का इंतज़ार मत भूलना।

महलों की महफिल में,

नुक्कड़ पे गुजरी शाम मत भूलना।

मंज़िलों से इकरार में,

राहों की इबादत मत भूलना।

छत मिल गई हो बेसक मगर,

वो पेड़ों की छाँव मत भूलना।

तरक्की के तरक़श में,

गुमान के तीर मत रखना।

नज़र रख बेशक आसमां पर,

ज़मीं से नाराजगी मत रखना।

तिरंगे में लिपटा आऊं

ऐसे अरमान ये जगाते।

नश्वर शरीर की गाथा,

शाश्वत कर के जाते।

दिल में तूफ़ान लिए चलते,

सीने पे ज़ख्म खाते।

जब तक है साँस चलती-

पलकें न ये गिराते।

कहीं आस न टूट जाए-

हर साँस पे यही दम भरते।

शहीदों की शहादत पे-

कभी दाग न लगने देते।

करके सीना अपना आगे,

कुछ यूं वो अपनों को बचाते।

दुश्मनों के सीने पर ही,

अपने प्राण वो गंवाते।

तिरंगे में लिपटा आऊं-

ऐसे अरमान ये जगाते।

नश्वर शरीर की गाथा,

शाश्वत कर के जाते।

तुझसे मिलना तो एक भरम सा है

अब इंतज़ार बस अगले जनम का है।

खुशनुमा मोड़ पे थी ज़िन्दगी-

ये घुटन तो बस अपने करम का है।

बंद पलकों के अंधेरों में-

तुझसे मिलना बड़ा सरल सा है।

खुली पलकों के उजाले में-

तू पास रहके भी गुमशुदा सा है।

तुझसे मिलना तो एक भरम सा है,

अब इंतज़ार बस अगले जनम का है।

कल और आज के दरमयां-

क्या मेरा ज़िक्र तेरे जहन में कभी ठहरा सा है।

मैंने कोशिश की बहुत तुझ तक पहुँचने की-

मगर हर वक़्त तेरे दिल के पास कड़ा पहरा सा है।

तुझसे मिलना तो एक भरम सा है,

अब इंतज़ार बस अगले जनम का है।

तूफ़ान तो कुछ पलों में गुज़र जाते हैं

उन असर का क्या जो दिल पे छोड़ जाते हैं।

वो फटी आँखों से गुज़रे पल,

वक़्त-बेवक़्त एक सिहरन सी जगा जाते हैं।

सरे आम लुटते आबरुओं की चीख,

अक्सर इन आँखों में लहू बन के उतर आते हैं।

महफ़ूज़ छत की पनाह में भी मौत का ख़ौफ़,

सुलगते यादों में एक हरकत सी जगा जाते हैं।

लाशों के ढेर में अपनों को ढूँढती नज़रें,

तनहाइयों में अब भी अक्सर सैलाब दिखा जाती हैं।

क्या खता थी? क्यों वो क़त्ले आम हुए?

वो नासूर सवाल बन के अब भी ज़हन में उभर आते हैं।

वो फटी आँखों से गुज़रे पल,

वक़्त-बेवक़्त एक सिहरन सी जगा जाते हैं।

आदतें हँसती हैं हम पे अक्सर तन्हाइयों में

कभी रुख़्शत की शक्ल में, कभी यादों की आड़ में।

पहली बारिश की बूँदें गिरीं जो एहसास की ज़मीन पे।

भिंगो गईं मुझको वो आदत तेरी, बेसबब बेबसी के जुर्म में।

वक़्त गुजर गया दबे पाँव करीब से,

मैं मशरूफ रहा न जाने किसके इंतज़ार में।

वो तो सफर कर चुका था कब का,

मैं फँस के रह गया उसकी आदत के जाल में।

इस कदर घूरती रहीं आदत तेरी सरे आम महफिल में-

इल्ज़ाम ले लिया हो हमने जैसे, तुझे ढूंढकर हर शय की शक्ल में।

आदतें हँसती हैं हम पे अक्सर तन्हाइयों में।

कभी रुख़्शत की शक्ल में, कभी यादों की आड़ में।

तेरे दर पे भटकता आया हूँ, उम्मीद भरे दो नयन लिए

अहम को धोने आया हूँ, अश्रु भरे दो नयन लिए।

तेरे मक़सद से अनजान रहा, ख़ुद में ही परेशान रहा।

तूने जो दिखाए थे रस्ते, उनसे कोशों मैं दूर रहा।

जीवन के सिरे मैं ढूँढ रहा अब, उम्मीद भरे दो नयन लिए।

तेरे दर पे भटकता आया हूँ, अश्रु भरे दो नयन लिए।

कितने बेघर हैं लोग यहाँ, मैं पाकर भी बेघर ही रहा।

छत भी मिली ममता भी मिली, मैं बदक़िस्मत महरूम रहा।

सब कुछ खोया जो ढूँढ रहा अब, उम्मीद भरे दो नयन लिए।

तेरे दर पे भटकता आया हूँ, अश्रु भरे दो नयन लिए।।

कितने दुखी हैं लोग यहाँ, मैं अपने ग़म में चूर रहा।

औरों को सहारा क्या दूँगा, मैं देख कर भी अँधा ही रहा।

अंतर मन को खोज रहा अब, ग्लानि भरे दो नयन लिए।

तेरे दर पे भटकता आया हूँ, अश्रु भरे दो नयन लिए।

सब कुछ पाकर मैं दीन रहा, न जाने किसकी चाह रही।

ख़ाली जेब टटोल रहा अब, तेरी खातिर कुछ सौगात नहीं।

क्या ख़ाली हाथ ही जाऊंगा, ये प्रश्न भरे दो नयन लिए।

तेरे दर पे भटकता आया हूँ, अश्रु भरे दो नयन लिए।

आज कल थकान काफी है

न जाने कब से, उगते सूरज को प्रणाम बांकी है।

सफलताओं की चढ़ गए अनगिनत सीढ़ियाँ,

अब भी लगता है कई मक़ाम बांकी है।

हो गई मुक्क़मल ज़रूरतें सारी,

अब तो बदलते जरूरतों की फरमाइश बांकी है।

इर्द गिर्द इक भीड़ सी रहती है अक्सर,

आज भी मगर अपनों की तलाश बांकी है।

आज कल थकान काफी है,

अब भी लगता है कई मक़ाम बांकी है।

बेटा था इक खो गया

बस यादों में ही रह गया।

माँ थी जिसकी बूढ़ी सी,

और बाप भी था लड़खड़ाया।

बूढ़ी आँखें सूनी आँखें,

कहते-कहते लोर से भर जाती आँखें।

कोने में चुपचाप बैठा, बाप बस रस्ते को तकता।

काँधा देना था जिसे, क्यों मेरे काँधे पर गया !

बेटा था इक खो गया,

बस यादों में ही रह गया।

दिन गुजरता रात होती,

आँखें न जाने किसको तकती।

हर बात में है जिक्र उसका,

कमबख्त यादें क्यों न थमती।

सपनों का एक शहर था,

आँखों में ही रह गया।

कतरा-कतरा आँसूआँ के संग सारा बह गया।

बेटा था इक खो गया,

बस यादों में ही रह गया।

दाग हैं सीरत में और

सोहबत बदलते फिरते हैं।

मनचली है इबादत और,

ख़ुदा बदलते फिरते हैं।

पालते हैं रंजिशें और -

दोस्त बदलते फिरते हैं।

जीते हैं शर्तों पे अपनी और -

तालीम में खोट बताते फिरते हैं।

फ़रेब देते हैं अक्सर खुद ही और -

कत्ल-ए-ऐतबार का ज़िक्र करते फिरते हैं।

रुख़्शत हो के खुद बेसबब -

किसी के इंतज़ार पे ऐतराज़ जताते फिरते हैं।

फितरत है भटकने की और -

मंजिल को बेवफा बताते फिरते हैं।

कलीसे को काबा समझ के बैठे हैं और -

दुआओं पे इल्ज़ाम लगाए फिरते हैं।

मनचली है इबादत और,

ख़ुदा बदलते फिरते हैं।

बेवजह ऐ दिल तू मुझसे, यूँ ज़िरह न कर

ज़िन्दा है अगर तू, तो सबूतों पे बात कर।

बेफ़ज़ूल की चाहतों से, यूँ सरोकार न कर।

जो जिंदा हैं धुंधली यादों में, वक़्त रहते उनकी तलाश कर।।

बुत बन के जीता है क्यों, खुद से पहले तू प्यार कर।

बाहें फैला के अपनी, ज़रा आँखों में आसमान कर।

चल बैठ ज़रा पास मेरे, कुछ मुद्दे की बात कर।

आँखों में आँखें डाल, फिर मुझसे बात कर।।

बेवजह ऐ दिल तू मुझसे, यूँ ज़िरह न कर।

ज़िन्दा है अगर तू, तो सबूतों पे बात कर।।

दोस्त

मेरे जिश्म् का न अक्स हो,

न धड़कन में तुम बसे हो।

धड़कन का क्या है-

रूक ही जाएगी।

जिश्म् के साथ तो-

परछाई भी जल जाएगी।

मेरी नेकी में तुम बसे हो।

मुश्किलों में जब भी खुदा को पुकारा,

दुआ बन के तुम हर वक़्त चले आते हो।

जब भी छाती है शिकन चेहरे पे,

मुस्कान बन के दिल पे छा जाते हो।

नज़र हो तुम ऐ दोस्त मेरे दिल की।

मेरे दर्द और खुशियाँ,

अपनी आँखों से दिखा जाते हो।

साँसों का रिश्ता भले टूट जाए मगर,

शुक्रिया ऐ दोस्त कि हर जनम में मुझको-

मेरी रूह से पहचान जाते हो।

न इकरार कीजिये, न इनकार कीजिये

ये खामोशी अपनी हमें अता कीजिये।

अपनी शर्तों पे आप जूस्तजू को जवां कीजिये।

शिकायतें हमारी बेशक़ नज़र अंदाज़ कीजिये।

न इकरार कीजिये, न इनकार कीजिये।

ये खामोशी अपनी हमें अता कीजिये।

छोटी सी इल्तजा है, पलकों पे इन्हें पनाह दीजिए।

उम्र-दराज़ हो ख्यालों की मेरी, इतनी दुआ कीजिये।

न इकरार कीजिये, न इनकार कीजिये।

ये खामोशी अपनी हमें अता कीजिये।

हमारी अधूरी बातों का तन्हाइयों में न मतलब खोजिये।

अनायास टकटकी को हमारी हँसी से खारिज कीजिये।

न इकरार कीजिये, न इनकार कीजिये।

ये खामोशी अपनी हमें अता कीजिये।

सहमी सी गुजारिश है दिल तक पहुँचने का रास्ता दीजिए।

सफर लंबा है ज़िंदगी का, रेशमी यादों का सामान दीजिए।

न इकरार कीजिये, न इनकार कीजिये।

ये खामोशी अपनी हमें अता कीजिये।

नस-नस में विष घुला रहे हैं

रक्त के हर कतरे को ज़हर बना रहे हैं।

खुद को पाषाण बनाकर,

माँ के संस्कारों को लजा रहे हैं।

हर पल मौत से खेलते आँख-मिचौनी,

बाप की हिफाज़त में सुराग बना रहे हैं।

कुंठित जीवन के दलदल में,

डूबते ही जा रहे हैं।

अनमोल सा मिला है इक जीवन,

बिन मोल गँवा रहे हैं।

नज़र उठ गयी गर बेइरादा,

आईने से कतरा रहे हैं।

बिछड़ कर भी नस्ल से अपनी,

मस्ती में इतरा रहे हैं।

पैसे और नशे की आदत में चूर,

न जाने क्यों आत्मा को ग्रहण लगा रहे हैं।

नस-नस में विष घुला रहे हैं,

रक्त के हर कतरे को ज़हर बना रहे हैं।

पत्थरों में रहके क्यों

पत्थर सा हो गया है।

जान भर के हममें,

ख़ुद बेज़ान हो गया है।

मिट्टी की आकृति दी तूने,

तेरा अंश साकार हो गया है।

अंश हैं तेरा ये भूल गए,

इस मिट्टी का क्यों हमें अहँकार हो गया है।

नज़र बंद अपने ही घर में,

तू सौदे का सामान हो गया है।

हमारी साँसों के ठेकेदार तुम,

कैसे दास तेरा सौदेबाज हो गया है।

हर दिन है तेरी रहमत, तो फिर

खास दिन का क्यों तू भगवान हो गया है।

भटक गया है इंसान तेरा।

बना के न सोच तेरा काम हो गया है।

पत्थरों में रहके क्यों,

पत्थर सा हो गया है।

जान भर के हममें,

ख़ुद बेज़ान हो गया है।

हर पल की है कहानी, पलों में ही सिमट जाते

हम जागे हों या सोये, आँखों से होकर गुजर जाते।

कुछ दिल में उतरते तो, कुछ ओझल से हो जाते।

आभास भी ना होता, कुछ यूँ ही गुजर जाते।

कुछ यादों की धुंधली, तस्वीर दिखा जाते।

जरा-जरा सी बात पर हम, क्यों खफा हो जाते!

खुशियों के ना जाने, कितने ही पल छूट जाते।

बस इतनी सी दुआ मांगे, कितने ही पल गुजर जाते-
काश! फिर कहीं से वो पल लौट आते।

हर पल की है कहानी, पलों में ही सिमट जाते।

पहर बदलता है, अंधेरा पाँव पसारता है

सिंदूरी शाम ढलती है, आसमां रंग बदलता है।

उम्र बढ़ती है, सोच में ठहराव सा आता है।
बदलते उम्र की तालीम से ही, हालातों का रंग बदलता है।

उजालों की आदत कैसी भी हो, अंधेरे का इंतज़ार रहता है।
गिरने भी दे मौला, संभलने का सलीक़ा बदलता।

मन का दरिया शांत हो तो, खाख भी अफरात लगता है।
उम्मीद की उड़ान पे ही, परिंदों का आशियाना बदलता है।

पहर बदलता है, अंधेरा पाँव पसारता है।
सिंदूरी शाम ढलती है, आसमां रंग बदलता है।

ठहरी सी ज़िंदगी में, रफ्तार आ गयी है

खामोश इन लबों पे, मुस्कान आ गयी है।

खुद से भागता था, तेरे पास आ गया हूँ।

बुझते चिराग को, नई लौ मिल गयी है।

जीना मैं चाहता था, वजह मिल गयी है।

धड़कनों में भर लूँ, मेरी जान मिल गयी है।

तदबीर थी बस पहले, तकदीर मिल गयी है।

उलझी सी ज़िंदगी को, नयी शुरुआत मिल गयी है।

बस रब को मानता था, तू इबादत बन गयी है।

मोहब्बत मैं माँगता था, तू दुआओं में मिल गयी है।

ठहरी सी ज़िंदगी में, रफ्तार आ गयी है।

खामोश इन लबों पे, मुस्कान आ गयी है।

प्रकृति के संतुलन की खातिर

एक अल्प विराम आया है।

हम इतिहास बन जायें उससे पहले,

खुद को समझने का पड़ाव आया है।

अर्थ की तृष्णा की लागत पे,

जीवन शैली बदलने का प्रस्ताव आया है।

आत्मा की क्षुधा शांत करने का,

शताब्दी के बाद स्वर्णिम अवसर आया है।

सामाजिक दूरियों की परिधी में,

हमारे डर ने हमें खुद के करीब लाया है।

दिल की तस्कीन के लिए ही शायद,

दिल की तफ्तीश का फ़रमान आया है।

अपनी संस्कृति के कल्प वृक्ष की छाँव में,

ज़िन्दगी को संवारने का वक़्त आया है।

प्रकृति के संतुलन की खातिर,

एक अल्प विराम आया है।

बन के परिवर्तन की मनभावन मैं साँझ आई हूँ

मैं से हम के सफर का आज प्रारंभ लायी हूँ।

थे अकेले तुम, अपनी उड़ान की थकान में।

तेरी साँसों को जो थाम ले, वो मुस्कान लायी हूँ।

मन तेरा बाँधने को, देख मैं कुछ खास लायी हूँ।

प्यार के दो गाँठ वाली, रिश्ते की डोर लायी हूँ।

सफर कोई भी हो और रास्ते कैसे भी हों लेकिन,

सफर साँझा चलेगा ये वचन भी साथ लायी हूँ।

गलत होगा सही होगा, अपना अब वो फैसला होगा।

जला दे मैं को खुद में, वो पावक भी साथ लायी हूँ।

बन के परिवर्तन की मनभावन मैं साँझ आई हूँ।

मैं से हम के सफर का आज प्रारंभ लायी हूँ।

बहते धारों के लिए

दिशाओं की बंदिशें नहीं होती।

सूरज की किरणों के लिए,

कोई खास सी छत नहीं होती।

हवाओं की मौजूदगी के लिए,

पत्तों की सरसराहट ज़रूरी नहीं होती।

रब की मेहर बरसने के लिए,

दुआओं की मोहताज नहीं होती।

इज़हार-ए-ख्यालात के लिए,

अल्फ़ाज़ की ज़रूरत नहीं होती।

वक़्त के गुजरने के लिए,

इंतज़ार की ज़रूरत नहीं होती।

हौसलों को लड़ने के लिए,

सहारे की ज़रूरत नहीं होती।

मजबूत इरादे हों तो मंज़िल के लिए,

रास्तों की ज़रूरत नहीं होती।

बहते धारों के लिए,

दिशाओं की बंदिशें नहीं होती।

बेटी विदाई

सर्द रात, अनवरत टिमटिमाते लड़ियों से-

सुस्त पड़े शामियाने को आँच आ रही है।

सन्नाटों के पहरे, शहनाई की थपकियों से-

थकावटें शिथिल होती जा रही हैं।

जश्न था जो मेहमां कुछ दिनों से, सहर भर की देर है-

उसके भी निकलने की तैयारी हो रही है।

रस्मों का बहाना था निभ गए सारे,

कहारों के गुनगुनाने की हल्की आवाज़ आ रही है।

नज़र भर के देख लूँ घर का कोना-कोना,

रंग चढ़ी दीवारें लिपटने को आमदा हो रही हैं।

बाबुल के बेड़े से निकल कर नाव मेरी,

ठौर पाने किसी और किनारे जा रही है।

आख़री पहर आ गया दीदी ढूँढ़ो ना,

किस कोने में बाबूजी के अकेलेपन की अंगीठी जल रही है।

कहाँ तक दिखाओगे शख़्तियाँ, सीने से लगा ले न भाई-

देख तेरी छुटकी जा रही है।

शाम ढलते ही न अब परेशां होना,

तेरी निगेहबानी किसी अनजाने की दहलीज़ जा रही है।

बैठ माँ आख़री मस्ती की बातें कर लें,

घर का ज़िम्मा उठाने देख तेरी पगली जा रही है।

तेरी आगोश में सर रखकर जो बिताई थी घड़ियाँ,

आँचल से लिपटे मेरे साथ जा रही है।

रस्मों का बहाना था निभ गए सारे,

कहारों के गुनगुनाने की हल्की आवाज़ आ रही है।

बेहिसाब मिलते थे जो कभी

मुलाकातों का अब हिसाब रखते हैं।

न समझ सके तेरी बेरुखी का सबब,

हम तो आज भी जिंदगी को खुली किताब रखते हैं।

आदतन हम दस्तक दे ही देते हैं उनके दरवाजे पे,

और वो हो के भी न होने का अब हुनर रखते हैं।

इक तरफ का था ये शिलशिला पर चलता रहा,

तेरी आहट का हम आज भी इंतज़ार रखते हैं।

इत्तिफाकन मुलाक़ातों में अक्सर,

वो मशरूफियत का नकाब रखते हैं।

हम अपनी मुस्कुराहट में छिपा के,

आज भी रिश्तों का लिहाज रखते हैं।

बेहिसाब मिलते थे जो कभी,

मुलाकातों का अब हिसाब रखते हैं।

आज मुलाक़ात मुक़र्रर है

मध्यम सी चाँदनी में,

तन्हाइयों का साथ मुक़र्रर है।

खामोशियों की तकरार में,

दबी सी मोहब्बत का इज़हार मुक़र्रर है।

फासलों के दरमयां की बेकरारी का,

शायद अब करार मुक़र्रर है।

तेरी गर्म साँसों की आँच में,

मेरे जज़्बातों का पिघलना मुक़र्रर है।

तेरी कातिल निगाहों की आगोश में,

मेरी ख्वाहिशों का सिमटना मुक़र्रर है।

तेरी मुस्कान की मदहोशी में,

मेरी धडकनों का शोर मुक़र्रर है।

इस रेशमी मुलाक़ात में,

अपनी मोहब्बत का इकरार मुक़र्रर है।

आज मुलाक़ात मुक़र्रर है।

इस रेशमी मुलाक़ात में,

अपनी मोहब्बत का इकरार मुक़र्रर है।

आज मुलाक़ात मुक़र्रर है।

मुसाफ़िर न बन सके तो, रास्ता ही बन गये

खुले पड़े थे कई ज़ख्म, मरहम को चल दिये।

मुसाफ़िर न बन सके तो, रास्ता ही बन गये।

गिरतों को सँभालने के लिए, हौसला बन के चल दिये।

मुसाफ़िर न बन सके तो, रास्ता ही बन गये।

दिशाहीन भटकते सपनों के लिए, रुख बन के चल दिये।

मुसाफ़िर न बन सके तो, रास्ता ही बन गये।

ना-उम्मीदों के दर्द के कतरे को,

अपनी पलकों पे संजाने को चल दिये।

मुसाफ़िर न बन सके तो, रास्ता ही बन गये।

मुश्किलों की धूप में

कभी रिश्तों की छाँव होती थी।

अपनों की नजरों में,

कभी अपनी उम्मीद पलती थी।

अपनी ख़ामोशी की आग में,

कभी दोस्तों की रुसवाई जलती थी।

औरों के दर्द में,

कभी गैरों की आह निकलती थी।

दुआओं के घर में,

कभी विश्वास की छत होती थी।

रंजिश की हवा में,

कभी उसूलों की महक होती थी।

बुजुर्गों की शक्ल में,

कभी सुकून से खुदाई बसती थी।

दूर तारों की शक्ल में,

कभी अपनों की नज़रें टिमटिमाती थी।

मोहब्बत की दरख़्त में,

कभी डर की शाम गुजरती थी।

दीवानों की तड़प में,

कभी बादलों की महफ़िल सजती थी।

मुश्किलों की धूप में,

कभी रिश्तों की छाँव होती थी।

अपनों की नजरों में,

कभी अपनी उम्मीद पलती थी।

मेरी मोहब्बत में क्यों

तू कभी शामिल नहीं होती।

मेरे किस्सों में मगर,

तेरे सिवा कोई बात नहीं होती।

दो लम्हा गुजर जाय तेरे साथ अगर,

कम्बख़्त कई रातों तक नींद नहीं होती।

चाँद बन के तेरा उगता हूँ बुझता हूँ,

बेफ़िक्र तू मेरे दीदार को तैयार नहीं होती।

छिपाती है मोहब्बत तू मुस्कुराहट के पीछे,

अब ये तो अच्छी बात नहीं होती।

क्या हसीन माज़रा है कि,

ऐसी ग़लतफ़हमी भी ग़लत नहीं होती।

मेरी मोहब्बत में क्यों,

तू कभी शामिल नहीं होती।

मैं अकेला रात तन्हा

तेरे बिन तुझसे मैं करता,

मोहब्बत का इज़हार तन्हा।

बादलों की ओट में,

खामोश बैठा चाँद तन्हा।

बारिशें हैं तुम नहीं हो,

तेरी याद में भींगा मैं तो तन्हा।

वादियों की गोद में,

आसमां उतरा आज तन्हा।

तेरी महक बहक रही है,

आज हवा के साथ तन्हा।

नशीली नींद मेरी नज़र में,

तैरती है मदहोश तन्हा।

भोर की अंगड़ाइयाँ,

मुझसे लिपटती आज तन्हा।

मैं अकेला रात तन्हा।

तेरे बिन तुझसे मैं करता,

मोहब्बत का इज़हार तन्हा।

रफ़्तार पर सवार जिंदगी है

शोर के बाजार में खोयी हर ख़ुशी है।

जिंदगी अनमोल सही परवाह नहीं-

खुदकुशी को बेकरार, ये कैसी उल्फत है !!

मखमली जिश्म की खातिर परेशान आदमी है,

भौतिकता की चादरों में लिपटी ख्वाहिशें हैं।

रूह में समाया है खुदा, परवाह नहीं-

पत्थरों में ढूंढती, ये कैसी इबादत है !!

नए परों से आसमान छूते हैं,

कांधे की उम्मीद में अक्सर दम निकलते हैं।

काँधे पे बैठ कर देखी थी दुनियाँ, परवाह नहीं-

जुल्फों के साये को तड़पती, ये कैसी चाहत है!

खून ज़ला के कहीं मय को चूमते हैं,

मौत बेचकर कहीं घी के चराग जलते हैं।

दुआओं से उम्र बढती है, परवाह नहीं-

बददुआएं बटोरने की, ये कैसी आदत है!

रात की रानाई में समाई

मदहोशी और ये तनहाई।

शहनाई की मिठास लिए बह रही-

मस्ती भरी ये ठंढी पूरवाई।

आसमान में बिखरी है-

यूँ कुदरत की करिश्माई।

बिस्तर की सिल्वटों ने जैसे-

ली हो पहली अंगड़ाई।

कैसे रोकूँ मैं बहकती

अपनी ये परछाई।

इन हवाओं के साथ,

तेरी ख़ुशबू भी चली आई।

कैसे मूँद लूँ की होगी-

मेरी पलकों की रुसवाई।

कहीं ढूँढती न चली आए मुझको-

तेरी नज़रों की गहराई।

रात की रानाई में समाई-

मदहोशी और ये तनहाई।

शहनाई की मिठास लिए बह रही-

मस्ती भरी ये ठंढी पूरवाई।

लम्हों में सिमटी जिंदगी की

खुशियाँ तमाम होंगी।

चेहरे के तास्सूर पे शिकन से पहले -

मुस्कान की चादर होगी।

साँसों में महसूस कर के देखो -

अनकही मुरादों की महकी सौगात होगी।

तुम इक जुस्तजू तो करो -

हर तरफ दुआओं की बरसात होगी।

लम्हों में सिमटी जिंदगी की -

खुशियाँ तमाम होंगी।

वो जब से नज़ाकत की मिसाल बन बैठे

बेख़बर थे शायद कि, क़यामत की आग बन बैठे।

वो जब से सादगी ओढ़ कर बैठे-

दीवानों की इबादत का सबब बन बैठे।

वो जो महफ़िल में बेइरादा नज़र फ़ेर बैठे-

हर चेहरे पे चाहत की लकीर छोड़ बैठे।

हाय! वो अनजान क्या ग़जब कर बैठे-

इक मुलाकात में ता उम्र यादों का सामान बन बैठे।

वो जब से नज़ाकत की मिसाल बन बैठे-

बेख़बर थे शायद कि, क़यामत की आग बन बैठे।

शशि की शीतलता हो तुम

प्यार की पवित्रता हो तुम।

शबे जिंदगी की रौशनी हो तुम।

एहसास के सागर में तैरती, भावनाएँ हो तुम।

सिहरन हो, एक कोमल स्पर्श की तुम।

आशा भरी बरसात हो, हार की थकान में तुम।

मुस्कान की चादर हो, चेहरे की सिकन पे तुम।

सबकी पहली चाहत, वो ख़ुशी हो तुम।

हर रिश्ते की पहचान हो तुम।

अब फिर न पूछना मुझसे,

क्यों मेरी जान और अरमान हो तुम।

हौसला था इतना

मुश्किलें कम पड़ रही थी।

सपने थे इतने सारे,

ज़िन्दगी कम पड़ रही थी।

मर्ज़ी तो थी मेरी पर,

ख़ुदा तेरी रज़ामंदी कम पड़ रही थी।

सुबह उठा मैं कि जियेंगे आज जी भरके,

साँझ से पहले ही तेरी सदा आ रही थी।

ज़िन्दगी जीना था जब हमें तब,

खुशियाँ खरीदने की होड़ चल रही थी।

तरकीब से जो बटोरा था अब तलक,

सब कुछ लुटाने की बारी आ रही थी।

सपने थे इतने सारे,

ज़िंदगी कम पड़ रही थी।

मुझको मेरे गुरुवर

मुझसे मिलाने का शुक्रिया।

मेरी उलझनों को परखकर,

सुलझाने का शुक्रिया।

मेरे डर की वजह को ताक़त में,

बदलने का शुक्रिया।

घबराहट में मेरी धड़कनों को,

थामने का शुक्रिया।

मेरे भटकाव के बहाव को,

बाँधने का शुक्रिया।

मेरी थकान में भी मेरे साथ,

रुकने का शुक्रिया।

नाकामियों के पल में,

गले लगाने का शुक्रिया।

मेरी गलतियों को अपने पीछे,

छुपाने का शुक्रिया।

फ़टकार कर मुझे मक़सद से,

मिलाने का शुक्रिया।

मेरी सीमित दृष्टि को आकाश,

दिखाने का शुक्रिया।

मुझको मेरे गुरुवर,

मुझसे मिलाने का शुक्रिया।

सराय

तेरी ममता की ओट में छिपकर हमने,

दर्द की बारिश में पनाह पाई।

कोशिश की मुश्किलों ने बहुत,

तेरे आँचल से लड़कर, हम तक न पहुँच पायी।

तेरी आँखों से दूर रहकर भी,

हर साँस में तेरी दुआओं की महक पायी।

दूर था मैं आहट भी न पहुंची,

चमक भर आई आँखों में तेरी, ये कैसी तूने नज़र पायी।

मायूस हुआ जो छण भर के लिए,

बाबुल के माथे शिकन छायी।

मजबूरी और लाचारी में भी, अपनी चाहत गिरवी रखकर-

हम सब के लिए खुशियाँ लायी।

माँ और बाबुल के सपनों की,

हमने कैसी होली जलायी।

बूढ़ी आँखों में थी जीने की चाहत,

मौत से पहले ही उनकी चिता जलायी।

आँखों से गिराया, दिल से निकला -

शर्मो-हया आढे ना आई।

जिसने जीवन की नींव रखी, बेघर हैं भटकते मिटटी के खुदा-

ये कैसी पीड़ा की सांझ आयी।

नाजों से तुझे पाला था हमने,

क्या इसलिए ऐसी सजा पायी?

पूछती हैं सूनी आँखें,

क्यों अपने हिस्से सराय आयी?

साथ चल रहे थे

हमसफर बनकर।

बिछड़ रहे हैं आज-

इक दुआ बनकर।

दिल में जज़्बात मत रखना-

यूँ ही ख़ामोश रहकर।

फिर मिले ना मिले हम,

यूँ ही इत्तफ़ाक़ बनकर।।

आँखें नम होंगी ज़रूर,

तुझसे बिछड़ कर।

मिलना ज़रूर मगर-

कभी ख़याल बन कर।।

साथ चल रहे थे-

हमसफर बनकर।

बिछड़ रहे हैं आज-

इक दुआ बनकर।

सुकून के बिस्तर पे ये

घुटन की सिलवटें कैसी!

अनजान रिश्तों से न जाने -

ये शिकायत कैसी!

रूह जब मरती नहीं तब,

ख़ाक की तलब कैसी!

अंधेरे कमरे की दीवारों पे -

तस्वीर देखती ये नज़र कैसी!

सुलग रहा हूँ जो खुद में तन्हा -

खुद से ये बेरुखी कैसी!

फासले बहुत हैं उम्र के, तो फिर -

सपनों पे ये बंदिशें कैसी!

सुकून के बिस्तर पे ये -

घुटन की सिलवटें कैसी!

सूरज के बुझने से शमा कहाँ डरती है

रोज़ जलती हूँ सहर होने तक, तेरे आने पे धुआँ होती हूँ।

लहरों की थपेड़ों से चट्टानें कहाँ डरती हैं।

मैं तो तमाशाई बनी बैठी हूँ, तेरे आने की फिकर करती हूँ।

साँसों की तिज़ारत से हवा कहाँ डरती है।

तेरी सलामती की दुआ में, हर लम्हा बहा करती हूँ।

मौत के आने से ज़िंदगी कहाँ रूकती है।

ये फकत आशियाने की बात है, तेरे आने पे मैं पते बदल लेती हूँ।

सूरज के बुझने से शमा कहाँ डरती है।

रोज़ जलती हूँ सहर होने तक, तेरे आने पे धुआँ होती हूँ।

हलक से ये बात उतरती नहीं

इमाम कह रहा था मुझसे कि मुझमें अब ईमान नहीं।

पूँछती रही सारी रात, सिसकियाँ रह-रह के मुझसे।

तेरे बेचैनियों की क्या कोई दवा नहीं।

हलक से ये बात उतरती नहीं,

इमाम कह रहा था मुझसे कि मुझमें अब ईमान नहीं।

वजह ढूँढता रहा मैं गुजरे वक़्त के गलियारों में।

ज़हन के किसी कोने में मगर, कोई ऐसी बात नहीं।

हलक से ये बात उतरती नहीं,

इमाम कह रहा था मुझसे कि मुझमें अब ईमान नहीं।

मैं तो बस जीता हूँ औरों की इक हँसी के लिए।

मेरा ये शौक कहीं मुझपे इल्जाम तो नहीं।

हलक से शायद यही बात उतरती नहीं,

इमाम कह रहा था मुझसे कि मुझमें अब ईमान नहीं।

शायर

एहसासों को अल्फ़ाज़ों का ज़िस्म देकर,

साकार करता है।

दिल की रहल पे रखके ज़िंदगी की किताब,

रूह से बात करता है।

अनुभूतियों का चिंतन की पाठशाला में,

विस्तृत विस्तार करता है।

मुट्ठी में कैद कर ले रौशनी को,

ऐसे भी वो करामात करता है।

शायर है,

तुझे समेटकर तुझमें ही रखने के इंतज़ामात करता है।